위례산성

백제연구총서 11집

위 례 산 성

충남대학교 백제연구소 편

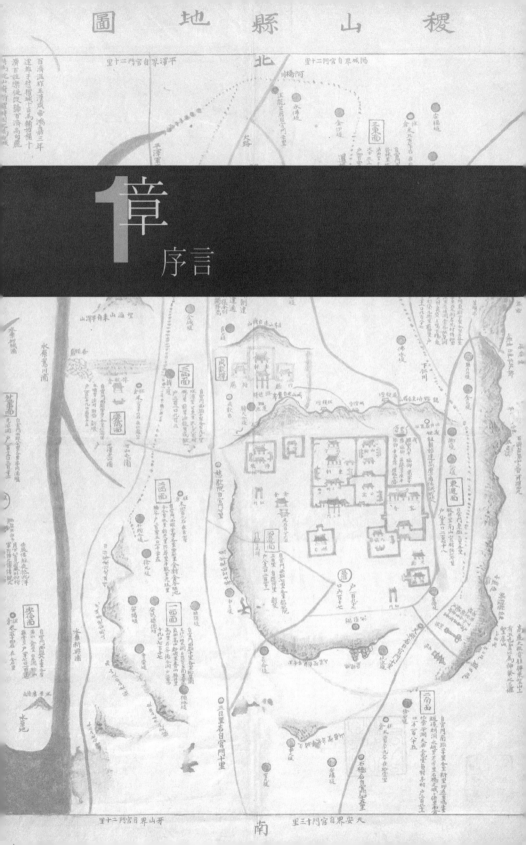

1章
序言

1章 序言

慰禮城은 백제가 처음 도읍한 都城을 일컫는 말임은 잘 알려진 바와 같다. 그간에 알려진 고고학자료 및 문헌사료를 종합해 보면 백제가 국가로 성장한 발상지는 지금의 서울 강동구, 송파구 일원임은 분명해졌다. 그럼에도 불구하고 조선시대 후기에 편찬되어 지금에 전해오는 역대 地誌類 및 地圖에는 현재의 천안시 北面과 천안시 笠場面의 경계를 이루는 표고 523m 산정에 위치한 城址를 가리켜 위례성이라 명기하고 있어 이를 둘러싸고 관심 있는 이들의 여러 가지 해석들이 있었다. "위례" 또는 "위례성"이라는 명칭은 전술한 것처럼 백제의 漢城期(250년경 이후부터 475년 사이의 기간)의 도성 지역을 지칭하는 고유명사이므로 그러한 명칭이 천안 위례성에 남아 전하는 까닭에 대한 구체적이고 객관적인 연구가 필요하다.

이러한 입장에서 학계가 본격적인 조사를 시작한 것은 1989년도가 처음인데, 당시 간단한 시굴조사를 통해 이 성의 시기적인 위치를 모색

한 적이 있다. 당시의 조사는 KBS 한국방송공사의 다큐멘터리 프로그램의 일환으로 약 1주일 정도의 기간에 걸쳐 서울대학교 박물관이 고고학적 조사를 담당한 것이었다. 그 이후 1995년 5월~7월에 걸친 본격적인 시굴조사와 함께 1996년 9~11월에 걸쳐 발굴조사가 역시 서울대학교 박물관에 의해 실시되어 이 산성의 축조시기에 대한 대략적인 윤곽이 잡히게 되었다. 성벽 절개조사시에 출토된 유물로 보아 대략 4세기 말~5세기 전반 사이의 기간이 성벽 축조의 上限으로 볼 수 있게 되었다.

이와 같은 고고학적 조사 결과로 인해 이 산성이 백제의 국가형성기와 관련될 가능성은 거의 없어졌다. 그러나 성내에서 출토된 유물 가운데 泗沘期(538년부터 660년 사이의 기간) 백제의 三足器 등이 있어 한때 백제의 산성으로 기능한 사실은 분명히 확인할 수 있다. 그렇다면, 이 산성에 왜 백제 초도지의 지명이 붙여지게 되었는지가 더욱 궁금해진다.

전술한 것처럼 조선시대 후기이래 편찬된 지도상에는 이 산성을 "慰禮城"이라 표기하고 있다. 대략 1760년대 이후 어느 무렵에 修撰된 것으로 보는 『輿地圖書』稷山縣條, 1837년도에 완성된 『靑丘圖』, 그리고 1872년도까지 전해지던 지방지도를 취합한 奎章閣 소장 『朝鮮後期地方地圖』 등이 그 예들이다. 그 이전의 지도류는 남아 전하는 것이 없어 확인할 길이 없으나, 성종(재위 1470~1494년)대에 찬수되어 중종 25년(서기 1530년)에 증보된 『新增東國輿地勝覽』稷山縣 古蹟條에도 『여지도서』의 내용과 동일한 위례성이 기록되어 있는 점으로 보아 적어도 조선전기이래 지금의 천안 위례산성을 "위례성"으로 이해하고 있었음은 분명하다.

위례성이라는 명칭이 한성기 백제의 도성명을 의미하는 고유명사임은 두말할 필요 없으므로 이 산성에 부여된 조선시대의 지명 표기는 결국 이곳을 백제의 도읍지로 이해하고 있던 결과였을 것이다. 조선시대의 이와 같은 백제 도읍지에 대한 인식은 茶山 丁若鏞의 『與猶堂全書』彊域考에서 본격적인 학술적 검토를 거치면서 그 오류가 밝혀졌지만, 그러한 역사 인식의 뿌리는 결코 조선시대에 있던 것이 아니었다.

현재까지 알려진 문헌사료에 따르면, 지금의 위례산성이 위치한 稷山 일대가 백제의 첫 도읍지였다는 인식의 출발은『三國遺事』紀異 第二 南夫餘・前百濟條에서 비롯되었던 듯하다. 관련기사는『三國史記』百濟本紀 溫祚 建國條 기사를 인용한 후 이어 聖王代에 이르러 泗沘로 천도한 사실을 서술한 단락 말미 細註에서 "彌雛忽仁州 慰禮今稷山"이라는 간단한 撰者 一然(1206~1289년) 자신의 당시 소견뿐이어서 위례를 직산에 비정한 근거는 알 길이 없다. 삼국사기를 인용한 형식을 취한 서술 부분도 현전하는『삼국사기』백제본기 해당부분과 구체적으로 대비해보면 얼마간의 異同이 있는데, 文意 변동이 없는 범위에서 간략화 한 것이 대부분 이지만 백제의 王姓을 삼국사기의 "...故以扶餘爲氏"라 한 것을 "...故以解爲氏"로 고쳐 쓴 부분 등 명확히 수정을 가한 곳도 있다. 이러한 점으로 미루어 "위례는 지금의 직산이다"라는 註는 당시 입수 가능하였던 모종의 정보에 바탕한 것이거나 또는 일연 나름의 견해를 적어 넣은 것이라 여겨진다.『삼국사기』지리지에는 "慰禮城"을 三國有名未詳地分條에 포함시킨 것임에도 굳이 세주에서 "위례는 지금의 직산"이라고 밝힌 데서도 그러한 당시의 정황을 짐작할 수 있음은 물론이다.

삼국사기가 만들어진 1145년 무렵은 물론이고 삼국유사의 완성 시점으로 추정되는 1281~1289년 사이에 이르는 무렵까지도 백제의 초도지에 대한 역사지리적인 고증은 명확하지 않았던 것으로 보여진다. 1215년에 편찬된 것으로서 삼국유사 찬술시에 일연이 인용하기도 한『海東高僧傳』釋摩羅難陀條에는 백제의 건국 및 도읍지와 관련하여 비류("避流"로 표기)와 온조("恩祖"로 표기)가 남으로 내려와 漢山에 이르러 개국하였으니 지금의 廣州가 그것이다("...至漢山開國今廣州是也")고 하고 있는 점에서도 12~13세기 고려시대의 삼국시대 역사지리에 대한 지식계의 인식을 엿볼 수 있다. 백제가 멸망한 이후 약 6~700백년이 경과된 무렵에 이르러 이처럼 그 첫 도읍지가 어디였는지조차 알 수 없게 된 데에는 멸망한 왕조로서 백제측의 기록이 망실 또는 몰각되었을 저간의 사정을 짐작하기는 어렵지 않으나, 특히 초도지였던 한강유역이 삼국 사이의 각축장이 되어 그 주인이 백제, 고구려, 신라 등으로 빈번히 바뀌었던 역사적 배경 역시 일정한 원인이 되었을 것으로 보인다.

아무튼, 백제 초도지에 대한 역사지리적 고증을 둘러싸고 있었던 고려시대 이래의 이견들은 조선시대에도 이어졌으나, 조선조에 들어 官撰된 『高麗史』, 『世宗實錄地理志』, 『신증동국여지승람』 등에서 직산 위례성설이 채택되면서 우위를 점하게 되었던 것으로 이해된다. 그러나 『肅宗實錄』 36년 12월 28일조 및 37년 2월 5일조 등에는 북한산성 축조와 관련하여 그곳이 백제 온조가 도읍을 정하였던 곳 또는 온조의 옛도읍이라는 언급이 보인다. 그리고 대략 19세기 후반에 찬술된 尹廷琦의 『海東紀略』 廣州條에는 온조가 漢山 아래 "宮村"에 도읍을 세웠는데 그것이 곧 河南慰禮城이라고 하고 있다. 이처럼 18~19세기 무렵에는 한강유역의 초도설이 우세해지고 있는데, 이러한 당시 역사인식의 반영인지 모르겠으나 김정호의 『大東輿地圖』에도 전술한 여러 지도류에 보이던 직산 부근의 "위례성" 표기가 없을 뿐 아니라 『大東地志』에서도 그 내용으로 보아 지금의 위례성을 지칭하는 것이 분명한 산성을 "성거산고성"으로 기록하고 있다.

백제의 초도지가 직산이냐 한강유역이냐를 둘러싸고 고려시대 이래 지식계 또는 전통사학계의 인식이 통일되지 않았음을 보았거니와, 이에는 문헌사료나 지역전승만을 토대로 전개될 수밖에 없었던 전근대 역사지리 방법의 한계와도 무관치 않을 것이다. 고고학적 방법을 통해 보다 구체적이고 직접적인 판단근거를 확보할 수 있는 오늘에 있어서는 사정이 사뭇 다름은 두 말할 필요 없으며, 그 결과 천안 위례성이 백제의 초도지가 아니었음은 그간의 고고학조사를 통해 이미 밝혀진 바 있다. 그러나 이곳이 백제의 초도지가 아니라는 것만으로 위례성의 성격을 모두 규명하였다고는 결코 볼 수 없다. 장구한 세월 동안 위례성으로 불려지고 당시의 지식계나 학계가 나름의 의미를 부여해 온 곳인 만큼 보다 적극적인 관심을 가지고 다각도로 그 배경을 검토해야 하는 것은 어쩌면 우리 시대의 책무 가운데 하나일 것이다.

천안 위례성이 백제의 초도지가 아니라고 갈파한 다산 정약용은 그러한 명칭이 남아 전하게 된 까닭과 관련하여 혹 文周王이 웅진으로 천도하던 중에 일시 머물렀던 데에 기인되지 않았을까 라는 나름의 해석을 내린 바 있으며, 이병도는 직산일대가 본래 馬韓 중심세력이었던 目支國의 소재지였던 까닭에 후세 와전되어 백제 도읍지로 잘 못 이해된 것이 아닐까 보았다. 그리고 신채호는 광개토왕의 한성 공략으로 위기에 처한 백제가 일시 직산 지역으로 천도한 데에 그 까닭이 있을 것으로도 보았다. 아무튼, 이러한 해석들은 오래도록 위례성이라는 지명이 잔존하여 온 까닭을 가벼이 보아 넘기지 않고 적극적으로 그 배경을 궁구하려는 선학들의 진지한 학문적 관심으로서 금후 천안 위례성에 대한 연구 방향에 풍부한 시사를 담고 있다.

이러한 관점에서, 위례성이 소재한 천안시 북면 일대 주민들이 보여준 관심은 매우 소중하다 하지 않을 수 없다. 사실, 본서는 천안시 북면 주민들이 자발적으로 모여 위례성이 지닌 역사성을 가꾸고 지키려는 노력으로 만든 慰禮文化祭典委員會가 忠南大學校 百濟硏究所에 학술연구를 용역 의뢰한 연구 결과로 꾸민 것이다. 백제사에 대한 종합적인 연구를 지향하는 연구소의 연구방향과 유적을 소중히 하는 주민들의 관심이 일치되면서 얻게된 작지만 값진 결실이라 여기고 싶다.

2002년 9월 연구를 착수한 이래 어언 1년 가까운 기간 동안 소요된 본 연구는 크게 3개의 분야로 나누어 진행하였다. 위례성에 대한 입체적인 이해를 위해서는 고고학적 방법, 문헌사료에 의한 접근, 그리고 지명의 유래와 관련된 다양한 현지 전승을 토대로 한 민속학적 연구 등이 필요하다고 생각하였기 때문이다. 고고학은 박순발(충남대학교 고고학과 교수, 당시 백제연구소장), 문헌사는 강종원(문학박사, 충남발전연구원 연구위원), 민속학은 황인덕(충남대학교 국어국문학과 교수)이 각각 책임을 맡았으며, 위례산성 현지 조사에는 충남대학교 백제연구소 연구원 이형원을 비롯한 다수가 참가하였다. 본서의 도면은 백제연구소의 이동숙과 강소희가 담당하였다.

어려운 가운데서도 오로지 고장의 역사와 문화를 올바르게 규명 이해하고 가꾸어 나가려는 주민들의 고귀한 뜻의 구현체인 천안시 북면 위례문화제전위원회의 김남옥 이사장님과 이재창 도의원을 비롯한 관계자 여러분들의 물심양면의 지원에 깊이 감사하며, 그리고 멸실되어 가던 역사자료를 몸소 산야를 누비면서 수집하고 본 연구를 위해 흔쾌히 제공하여 주신 장성균님(천안시 신안동장)과 위례초등학교 성인제 교장선생님께도 감사한다.

【박순발】

稷山縣地圖

2章
慰禮山城 周邊 遺蹟

2章
慰禮山城 周邊 遺蹟

위례산성의 주변에서 기왕에 확인된 유적들은 寺址를 비롯하여 山城, 窯址, 古墳 등이 알려져 있다. 여기서는 이들을 간략히 살펴봄으로써 위례산성이 지니고 있는 고고학적 환경의 일단을 이해해 보고자 한다.[1] 그리고 금번에 새롭게 확인 한 주변의 보루 유적 및 적석유적 등은 위례 산성에 대한 이해를 위해 매우 중요하므로 이들에 대해서도 보고해 두고자 한다.

1. 積石遺蹟

모두 2개소에서 확인되었다. 위례산성으로부터 남방으로 약 1km 가

---

[1] 위례산성 주변유적에 대한 전반적인 내용은 國立文化財研究所에서 1998년도에 간행한 忠南 天安市 文化遺蹟 分布地圖를 참고하였다.
유적의 위치는 <도면 1> 참조.

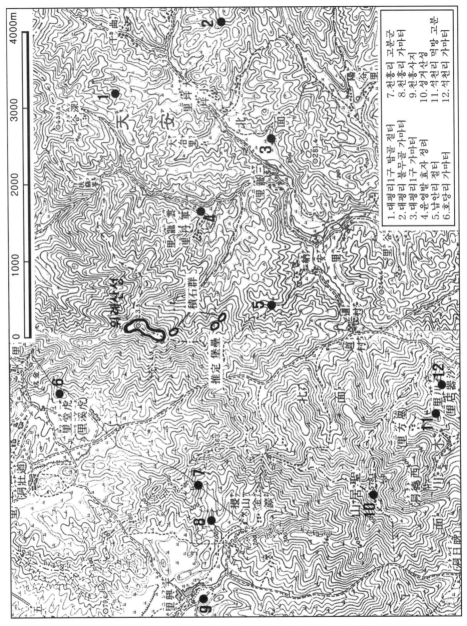

【도면 1】 위례산성 위치 및 주변유적 분포도(1920년대 지형도)

량 떨어진 지점의 표고 434m 구릉의 남사면 일대와 위례산성 바로 아래 표고 450m 가량되는 지점의 남사면 등에서 확인 된 것이다. 이를 각각 A, B 적석유적으로 부르고자 한다. 적석유적 A는 기왕에 그 존재가 알려져 왔던 것이지만, 적석유적 B는 금번 조사를 통해 새롭게 확인 된 것이다.

【사진 1】 천안 위례산성 원경

적석유적 B는 위례산성으로 이어지는 일련의 능선 가운데 하나인 표고 434m 고지의 남사면에 위치하고 있음은 전술한 바와 같은데, 이 고지는 북면 납안리일대에서 입장면 호당리와 이어지는 고대 교통로가 통과하는 고개길의 바로 북쪽의 고지에 해당된다. 이 고개길은 지금은 거의 통행이 이루어지고 있지 않으나 길의 흔적은 지금도 비교적 뚜렷 하다.

적석유적은 평면이 대략 2×2~3m의 방형 또는 장방형을 이루고 있는 다수의 적석유구들로 이루어져 있는데, 각 적석유구의 적석 높이는 경사면에 위치하고 있어 지점에 따라 서로 다르지만 가장 높이 쌓인 부분인 사면 하단부를 기준으로 하면 4~50cm 가량 되는 것이 많다. 그리고 개별 적석유구를 구성하고 있는 적석은 판상의 할석으로 되어 있는데, 크기는 30×50×10cm 가량 된다. 이러한 판상의 깬돌이 약 50×100개 가량 쌓여져 있다.

적석유구의 내부 또는 하부에는 아무런 구조도 확인되지 않고 단순히 판상 할석을 모아 놓은 것에 불과한 것으로 보인다. 이러한 적석유구에 대해 일부 향토사학자들은 무덤으로 보아 적석총으로 이해하기도 하였으나, 전술한 것처럼 단순 적석일 뿐 적석 내부에 어떠한 유구도 없기 때문에, 그러한 성격 부여는 타당성을 얻기 어렵다.

현재로서는 적석유구의 성격을 정확히 알기 어렵지만, 적석유적 A와 같이 산성의 바로 아래 지점에 위치하고 있거나 적석유적 B와 같이 주변에 고대 통로가 있어 보루와 같은 관방시설이 위치하기에 매우 적합한 지점의 바로 아래에 위치하고 있는 점등으로 미루어 보루 또는 축성에 소용될 재료의 조달과 밀접한 관련이 있을 것으로 추정된다. 다시 말하면, 인접한 곳에 산성이나 보루 등을 축조하기 위해 석재를 모아 놓은 것으로 보고자 하는 것이다.

적석유적 A(사진 2 참조)는 위례산성 바로 아래의 남사면에 위치하고 있음은 전술한 바와 같거니와 쌓인 적석유구의 형태는 원형에 가까운 부정형이 많다. 위례산성은 북쪽벽의 일부에만 석축으로 되어 있을 뿐 나머지 대부분은 토축으로 되어 있다. 『新增東國輿地勝覽』, 『輿地圖書』등 조선시대의 지지류에는 이성을 모두 토축으로 기록하고 있다. 석축부분에 대한 절개조사가 실시된 적이 없어 어느 무렵에 석축이 추가되었는지에 대해서는 지금 알 수 없으나, 석축의 상태로 보아 삼국시대로 거슬러 올라 갈 가능성은 희박한 것으로 보인다. 그 이후 성벽을 새롭게 수습할 필요가 있는 시점을 생각해보면 아무래도 후삼국시대일 가능성이 높다. 성내에서 채집된 유물 가운데 후삼국시대의 것이 있는 점으로도 그러한 추정은 충분히 가능할 것이다. 이 무렵 본래 토축으로 된 성벽 가운데 허물어진 일부 구간을 석축으로 보완한 것이라 판단된다. 그렇다면, 위례산성 바로 아래 남사면의 적석유적 A는 그 무렵 성벽을 석축으로 수리하는 작업과 관련되어 석재를 모아 놓은 것과 관련이 있을 것으로 볼 수 있다.

【사진 2】 적석유적 A

　적석유적 B(사진 3·4 참조)는 전술한 바와 같이 북면 납안리에서 입장면 호당리로 연결되는 교통로가 고개를 통과하는 지점을 내려다 볼 수 있는 고지의 남사면에 위치하고 있는데, 현재 434m 고지에는 보루와 같은 관방시설이 지표상으로 확인되지는 않는다. 입지적인 여건으로 보아 보루가 있을 가능성이 극히 높은 곳임에도 불구하고 유구는 남아 있지 않는 점과 그 사면에 적석유적이 존재하는 것 사이에는 일정한 관련이 있을 것으로 보인다. 즉, 어느 무렵엔가 이 곳에 보루와 같은 관방시설을 설치하기 위하여 돌을 모으는 과정에서 공사가 중단되었을 가능성이 있다는 것이다. 434m 고지의 사면 아래쪽에서는 이른바 石彈으로 불려지는 둥글게 다듬은 돌들이 다수 확인되고 있다(사진 23 참조). 이를 투석전과 관련된 방어 무기로 볼 수 있다면, 그러한 석탄이 이 고지의 아래쪽 사면에서 다수 발견되는 사실은 곧 434m 고지 일원이 보루의 기능을 하고 있었음을 뒷받침하는 것이 될 수 있다. 이러한 사실로써 434m 고지를 추정 보루유적으로 비정하고자 한다. 전술한 바와 같이 현재 이 일대는 지표조사에 의해서는 구체적인 유구의 흔적을 찾지 못하였으나 목책 또는 토축 보루일 가능성은 여전히 남아 있다. 혹 이러한 보루를 석축으로 개축하기 위하여 석재를 모아 놓으는 과정의 산물이 적석유적으로 남아 있지 않았을까 한다.

【사진 3】 적석유적B 조사모습

【사진 4】 적석유적B 세부

【사진 5】 채석 흔적이 남아 있는 암괴

적석유적 B가 있는 곳에서 노두 암괴를 채석한 흔적도 확인되었다 (사진 5 참조). 바로 인접한 곳에 적석유구들이 분포하고 있는 점으로 보아 적석유구 즉, 석재를 모으는 작업 과정에서 일부 노두 암괴를 깨뜨려 편평한 할석을 얻기도 하였던 것으로 추정된다.

2. 堡壘

위례산성 주변에는 보루가 있었음이 이번 조사를 통해 새롭게 확인되었다. 확인된 보루는 모두 2개소인데, 하나는 위례산성에서 남쪽으로 약 50m 가량 떨어진 능선상에 위치하고 있고(도면 2, 사진 6 참조) 또 다른 하나는 전술한 적석유적 B가 위치한 사면의 정상부인 표고 434m 고지(도면 1 참조)에 존재할 것으로 추정되는 것이다. 434m 고지의 추정

【사진 6】 위례산성 보루

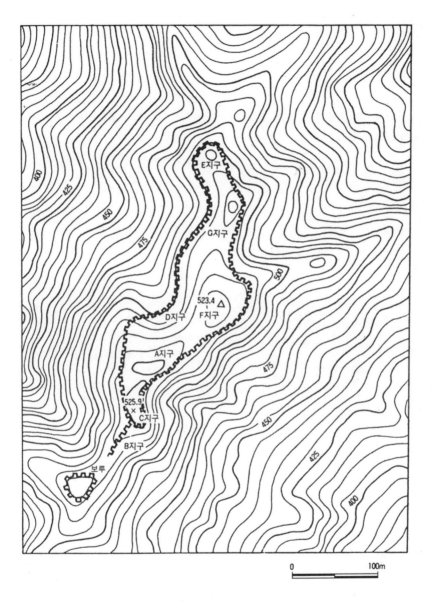

【도면 2】 위례산성 평면 및 새로 발견된 보루

보루에 대해서는 위에서 이미 설명하였으므로 여기서는 위례산성 남쪽에 인접한 보루에 대해 살펴보기로 한다.

위례산성의 서쪽 성밖으로 연결되는 능선위를 약 50m 가량 온 지점은 평면형이 대략 원형에 가깝고 가운데가 약간 함몰한 지형이 있다. 위례산성으로 이어지는 등산로가 바로 이 지점을 통과하고 있기도 하다. 지표상으로 확연한 유구의 흔적은 남아 있지 않지만 전술한 것처럼 좁은 능선상에 평면형이 원형인 지형이 평탄지형을 하고 있는 점과 가운데가 약간 함몰된 점 등이 바로 인위적인 흔적으로 보이기 때문이다. 보루와 같은 소규모 관방시설은 흔히 산성들 사이의 취약한 지점의 방어나 視程이 용이한 곳에 설치되는데, 대개 주변을 토축 또는 석축성벽으로 감싼 내부에 용수를 위한 저수시설을 두고 있다. 모든 산성은 우물이나 저수지 등의 저수시설을 갖추고 있지만, 특히 산정상부 또는 능선상에 위치한 소규모 보루의 경우 자연적인 수원이 보루내부에 존재하는 경우는 거의 없기 때문에 반드시 인공적인 저수시설을 만들게 된다. 그러한 저수시설의 흔적이 바로 내부가 함몰된 지형으로 남아 있는 경우가 많으므로 일단 산 정상부나 능선상에 자연적인 지형으로 보기 어려운 함몰 지형이 확인되면 그 주변이 보루일 가능성은 극히 높다.

3. 寺址

1) 天興寺址

위례산성으로부터 서쪽으로 약 3.5km 정도 떨어져 있는 천흥사지는 천흥리에서 옛 천정사에 이르는 비포장도로의 중간지점에 자리하고 있다. 서쪽에는 천흥저수지가 인접하여 있고 동쪽에는 성거산의 지맥이 높이 솟아 있다. 사역의 대부분이 천흥저수지의 축조로 말미암아 상당부분 파괴된 것으로 추정된다. 현재 최근 건립된 것으로 보이는 불당이 있으며 원래의 사지는 불당의 전면에 있는 과수원지역으로 추정된다. 구체적인 연혁의 확인은 어려우나 사찰의 경내에서 5층석탑 1기와 당간지주 1기가 남아 있어 규모가 제법 큰 절이었음을 알 수 있다. 관련 유물중 천흥사종에 있는 명문 "聖居山天興寺鐘銘 通和二十八年庚戌二月日"으로 미루어 1010년인 고려 현종대에 이미 이 사찰이 조영되어 있었던 것으로 보인다. 사역내에 각종의 사찰흔적이 남아 있는데, 건축부재편들 외에 기와편, 토기편, 자기편 등이 수습된다.

2) 大坪里1區 탑골寺址

이곳은 오래전부터 '구룡사'라는 절이 있었다고 하나 확인이 어렵고 단지 사역내에 각종의 건축부재 및 유물이 남아 있는 상태이다. 현재 밭으로 경작되고 있는 사지에는 전면에 약 1m 높이로 쌓은 축대 위에 대지가 조성된 상태인데, 면적은 약 400평 정도이다. 이 대지상에 자연석이 일렬로 늘어서 있는 초석열이 남아 있는데, 이 외에 인공이 가해진 석재가 산견되는 것으로 미루어 정교한 형태의 건축물이 있었던 것으로 확인된다. 사역내에서 기와편을 비롯하여 각종 자기편 및 토기편이 산견되는데, 이들은 대부분 고려시대에서 조선시대에 이르는 것이다. 한편 이 지역에 일제시대까지 탑이 있었던 것으로 전한다. 탑은 5층 정도라 하며 탑안에서 소불이 출토된 것으로 전하고 있다. 이 외 청동반자가 70년대 중반에 출토되었다고 하지만, 현재 소재는 확인되지 않는다.

3) 納安里寺址

납안리에서 서북쪽으로 약 500여m 들어가면 유성농장 표지판이 있고 이곳에서 산길을 따라 약 200m 정도 올라가면 유성농장이 있다. 절터는 유성농장이 위치한 곳이다. 위례산성으로부터는 남쪽으로 1.5km 정도 떨어져 있다. 유성농장 소유주에 의하면, 현 농장의 식당자리가 절터

이고, 약 30년전 농장을 짓기 위해 땅을 파던 중 절터로 불리는 지점에서 1m 정도 높이의 석불 1점과 청동불 1점이 발견되었다고 하나 소재는 알 수 없다고 한다. 현재 방갈로, 수영장, 식당건물 등이 조성되어 있어 사지의 흔적은 찾을 수가 없다.

4. 山城

1) 聖居山城

위례산성에서 동남방향으로 3.5km 정도 떨어져 있는 해발 579m의 성거산에 축조되어 있다. 성거산성이 위치한 성거산은 흑성산, 위례산과 함께 천안시 동쪽으로 뻗어 내려 오는 차령산맥의 주맥을 형성하고 있다. 또한 위 산맥에 축조되어 있는 흑성산성, 위례산성과 유기적인 관계를 맺었을 것으로 추측하고 있다. 『文化遺蹟總攬』에서는 성거산성을 테뫼식의 석축산성이라고 하고 있으며, 『朝鮮寶物古蹟調査資料』에서는 둘레가 약 550m 가량 된다고 적고 있으며 백제시대에 축조된 것으로 추정하고 있다.

5. 窯址

1) 大坪里 불무골窯址

대평리에 이르기전 '불무골'이라 불리는 골짜기의 남동쪽 계곡내 500여m 지점에 위치한다. 요지는 산의 서향사면 중단부로 산사면과 밭으로 개간되어 경작되고 있는 곳을 중심으로 확인되고 있다. 밭과 산사면의 절단면에 요벽편, 소토, 분청사기편, 백자편이 산재되어 있고, 요지의 좌측으로 흐르는 계곡에도 그릇편이 산재되어 있어 비교적 규모가 큰 요지로 보인다. 요지의 흔적을 통해 추정할 수 있는 요지의 면적은

200여평에 이르며 요의 수나 원상은 불분명하지만, 분청, 백자의 순으로 계속 요의 생산활동을 유지해 왔던 것으로 생각된다. 수습되는 유물은 귀얄문이 있는 분청접시와 분청대접과 모래받침번조로 구운 투박한 백자편 등이다.

2) 大坪里1區 窯址

납안리에서 대평리 방향으로 위례초등학교를 지나 약 500여m 정도 가면 남동쪽에 긴 계곡이 형성되어 있고, 이 계곡을 따라 약 300여m 지나면 서북사면 하단부에 위치한다. 이곳은 점골이라고도 불리며, 사방이 산으로 둘러싸인 계곡으로 요지는 산사면과 현재 밭으로 개간되어 경작되고 있는 부분을 중심으로 확인된다. 면적은 약 100여평으로 추정되며 요의 형태나 수는 불분명하다. 수습되는 유물은 소수의 분청사기편과 백자편으로 밭과 산사면의 하단부에 산재하고 있으며 주민의 전언에 의하면 다수의 백자편이 밭 개간시 매몰되었다고 한다. 분청사기도 이곳에서 생산된 것으로 생각되지만 확실하지는 않다. 백자는 회백색을 띠며, 모래받침번조의 방법으로 생산되었는데 대체로 접시, 사발류가 주종을 이루고 굽은 비교적 높다.

3) 虎堂里窯址

호당리마을의 산제당 가는 소로를 따라 약 200m 정도에 위치한다. 청자요지, 토기요지, 와요지가 함께 분포하고 있다.

먼저 청자요지는 서향사면 하단부에 민묘가 1기 자리잡고 있는데, 이 묘를 중심으로 가마가 존재했던 것으로 보이며 묘지조성시 파괴된 것으로 보이는 요벽편, 소토, 청자편 등이 주변에 산재되어 있다. 가마는 1기가 존재한 것으로 생각되며, 민묘조성으로 인해 많은 부분이 파괴, 매몰된 것으로 추정된다. 청자는 병, 접시편으로 철화문이 시문된 것도 수습되며, 녹청자의 성격을 지닌 것이다.

토기요지는 청자요지의 북편 약 100m 정도에 위치한다. 주변에는 소토와 토기편이 산적되어 있으며, 산사면을 절개할 때 요의 입구부가 파괴된 것으로 보인다. 이 요지는 청자요지와 관련하여 같은 시대에 생산된 것으로 생각되며, 토기는 회흑색에 태토가 고우며 기벽이 얇은 것이 있다.

와요지는 청자요지와 토기요지의 50m 정도 하단에 위치하며, 현재 과수농지로 개간되어 이용되고 있다. 주변에는 소토편과 와편이 다수 산재되어 있는데 역시 청자요지, 토기요지와 같은 시대의 것으로 추정된다. 기와는 기벽이 두껍고 소성도가 비교적 낮은 것이 대부분이며 어골문, 사격자문 등이 시문되어 있다.

4) 天興里窯址

성거읍 송남리에서 동쪽으로 약 2km 정도에 천흥리저수지가 있고, 이 저수지의 중류 지역의 북쪽 계곡에 성거굿당이 위치한다. 요지는 성거굿당에 이르기 전 약 100여m 앞에서 흔적이 발견된다. 이곳은 서향사면의 비교적 경사가 급한 곳으로 요지의 중심으로 생각되는 곳은 현재 야산의 구릉 하단으로 도로를 개설하기 위해 절개된 부분이다. 요지는 사면이 산으로 둘러싸여 있으며, 전면에 작은 계곡물이 흐르고 있는 이곳에도 소토와 분청사기편이 산포되어 있다. 요지의 면적은 약 200여평에 이르며, 절개된 산사면에 부서진 요벽과 분청사기편이 산적되어 있어 요의 대부분이 파괴된 것으로 보인다. 요지의 규모는 1~2기 정도가 존재했던 것으로 추정되며 수습되는 유물은 분청사기편, 초벌구이, 소토 등이 대부분이다. 접시가 주종을 이루고 인화분청이 보이며 모래받침번조 방법을 이용하였다. 또 마늘쪽 모양의 태토비짐도 다수 발견된다.

5) 石川里窯址

요지는 석천리 덧매기마을에서 묵방마을 방향으로 약 300여m정도 지난 야산의 남서향 사면에 위치한다. 현재 도로의 개설과 밭의 개간으로 인해 평탄하게 조성되어 있으며 대부분 원래의 지형이 변화된 상태이다. 요지는 도로의 일부와 현재 밭으로 경작되는 부분을 포함하였던 것으로 생각되는데 대부분 파괴되거나 함몰된 것으로 보인다. 요지의 주변에는 붉은 소토와 백자편이 다수 산포되어 있는데 면적은 약 200여평에 달한다. 수습되는 유물은 소토와 백자편 뿐이다. 백자는 회백색으로 모래받침 번조의 방법으로 생산하였으며 접시, 사발이 주종을 이룬다.

6. 古墳

1) 天興里 古墳群

천흥리 옛 천정사(현재 성거굿당이 들어서 있음)의 남서쪽 산사면에 위치한다. 이 지역은 고분이 입지하기에 비교적 좋은 조건을 갖추고 있으나 지표면에 두껍게 쌓인 낙엽과 미집된 잡목에 의해 정확한 답사가 어려워 고분이 외견되지는 않는다. 그러나 주민에 의하면 이곳에 다수의 석실분이 드러나 있었고 이들 고분에서 많은 토기가 나왔다고 한다. 산사면에서는 고분에서 나온 것으로 보이는 소수의 토기편이 수습된다.

2) 石川里 먹방 古墳

먹방마을에 위치한 '성거산제일기도원'을 향해 들어가다 보면 소로 왼편에 외딴집이 있다. 그 맞은편으로 흐르는 개울을 건너 오른편으로 나 있는 소로를 따라 약 300여m 올라가다 보면 능선상에 고분이 산재해 있다. 이곳은 '고린장골'이라고 불리고 있고, 고분은 고린장골을 중심으로 남서향 사면에 분포되어 있다. 현재 확인되는 고분은 1기이나 주변에서 많은 석재가 확인되고 있어 다수의 고분이 분포할 가능성이 높다. 확인된 1기의 고분은 대부분이 외부로 노출되어 있는데, 벽면은 대체로 편평한 넓은 돌을 세워 구축하였으며 덮개돌은 대판석을 이용하였다. 유물로는 기벽이 얇고 태토가 고운 무문의 회청색계통 토기편이 소량 수습되었다.

【박순발 · 이형원】

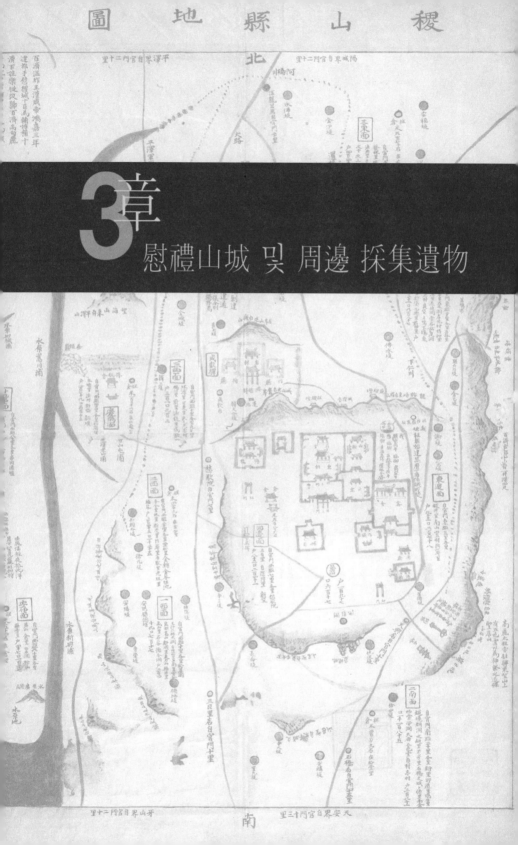

3章
慰禮山城 및 周邊 採集遺物

3章

慰禮山城 및 周邊 採集遺物

1. 慰禮山城 出土遺物

■ 打捺文 土器 壺片
【도면 3-1, 사진 7-1】
1989년도 시굴조사시에 수습된 승문타날된 호편이다. 토축 성벽 부분 성벽 절개 탐색갱의 성벽 축조 구지표면에서 鐵鎌편, 창 물미(鐏) 등과 함께 수습되었다. 그러므로 이 토기는 위례산성 토축 성벽의 축

【사진 7】 위례산성 출토 백제 한성기 타날문 토기 壺片 및 把手

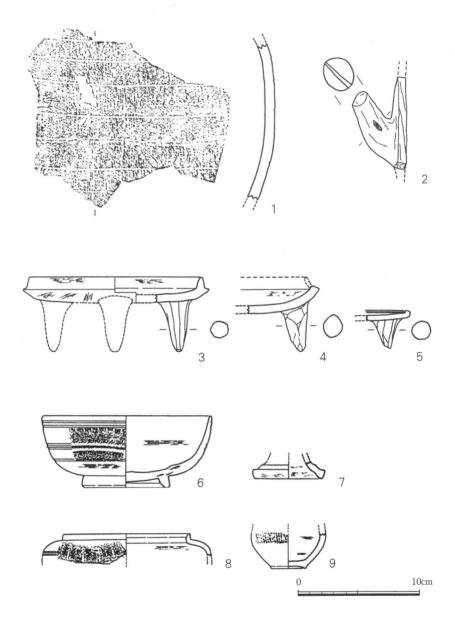

【도면 3】 위례산성 출토 백제토기 및 통일신라토기

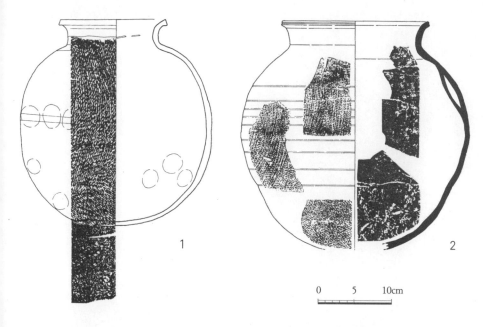

【도면 4】 위례산성 출토 승문호와 비교되는 승문호들(1:원주 法泉里 4호분, 2:일본
후쿠오까(福岡)현 오니쿠마(鬼熊)유적 8호주거지)

조 상한 시점 비정과 관련하여 매우 중요하다.

표면 문양은 올이 가는 승문을 타날한 다음 횡선을 두른 것인데, 이
와 같은 細繩文은 한성시기의 중앙양식 백제토기에는 거의 보이지 않는
것이어서 주목된다. 현재까지 알려진 것으로서 이와 비교될 수 있는 승
문 타날호로는 충남 서천군 봉선리 고분군 6호 석곽묘 출토품이 있다.
이 유적은 서천–공주간 고속도로 구간 용지에 포함되어 아직 조사가 진
행 중이나 2003년도 6월 현장조사 설명회에서 승문 타날호가 공표되었
다. 함께 부장된 토기들 가운데는 한성양식의 백제토기 광구장경호가 있
어 대략 5세기 전반경에 비정될 수 있다(사진 8 참조).

【사진 8】 서천 봉선리 고분군 6호
석곽 출토 승석문호

한편, 일본열도에서도 이러한 세승문 타날호들이 확인된 바 있는데, 큐슈 후쿠오카켄(福岡縣) 유쿠하시시(行橋市) 오니쿠마(鬼熊) 유적 출토품[2])과 쓰시마(對馬島) 요시다몽고쯔카(吉田蒙古塚) 유적 토우토고야마 고분 출토품[3])이 그것이다.

오니쿠마 유적은 고분시대 중기의 취락유적인데 공반 유물로 보아 대략 5세기 전반경으로 비정된다(도면 4-2, 사진 9 참조). 그리고 토우토고야마 고분 출토품(사진 10·11)은 공반된 격자타날 심발형토기로 보아 4~5세기 무렵 한반도 중서부지역 이남과 밀접한 관련이 있을 듯하다[4]).

세승문은 아니나 다소 올이 굵은 승문이 타날된 호는 원주 법천리 4호분에서도 출토된 바 있다(도면 4-1 참조)[5]). 4호분의 시기는 4세기

---

2) 行橋市敎育委員會 1999, 『鬼熊遺蹟』.
3) 쓰시마 미네마찌(峰町) 자료관에 전시된 것으로서 2003년 2월 이 자료관에서 필자가 실견하였다. 아직 보고서 미간이지만 동 자료관 학예사 아비로 반지(阿比留伴之) 선생의 후의로 관찰할 수 있었다. 이에 감사 드린다. 공반 유물은 격자타날 심발형토기 1점, 삼엽환두대도 1점이 있다. 이들은 모두 한반도에서 유입된 것으로 판단된다.
4) 격자문이 타날된 심발형토기는 한강하류지역의 백제 중심지에서 승문 또는 평행타날 심발형토기가 확산되면서 점차 소멸되는데, 경기 남부지역에서는 3세기 후반경이 되면 승문계로 대체되고, 충청권의 경우 4세기 중엽경부터 승문계가 나타나면서 점차 감소되나 5세기 후반부터는 완전히 소멸되는 양상을 보이고 있다. 이에 대해서는 朴淳發 2001,「深鉢形土器考」,『湖西考古學』4·5合輯 참조.
5) 宋義政·尹炯元 2000, 『法泉里 I』, 國立中央博物館. p.p.106-108.

【사진 9】 일본 큐슈 유쿠하시시(行橋市) 오니쿠마(鬼熊)유적 8호 주거
지 출토 승석문호

【사진 10】 일본 쯔시마 요시다몽고쯔카(吉田蒙古塚)유적 토우토 고야
마 고분 출토 승석문호

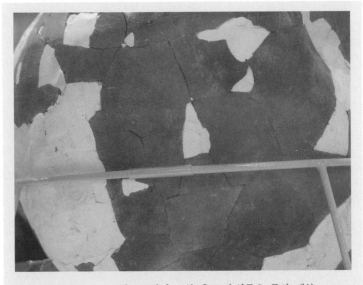

【사진 11】 토우토고야마 고분 출토 승석문호 문양 세부

말~5세기 초 무렵으로 비정되고 있다.

전술한 것처럼 토우토고야마 고분에서는 三葉環頭大刀가 공반되었는데, 환두의 모양은 원삼국시대의 환두도와 유사하게 원형을 이루고 있다. 이러한 삼엽환두대도는 경기도 화성군 사창리고분 채집품[6], 동래 복천동 60, 69, 71호 분 출토품[7]등이 있다. 환두의 모양이 타원형에 가까운 삼엽환두대도는 이들보다 다소 시기적으로 늦은 것으로 판단되는데, 청주 신봉동 고분군 출토품(82-미상, 90-12호, 93-54, 93-87)[8]과 서천

---

6) 국립중앙박물관에 수습품이 보관되어 있다. 이 유물을 관찰한 한신 대학교 권오영 교수의 후의로 사진을 관찰할 수 있었다. 이에 감사 드린다.

7) 李在賢 2003, 『弁・辰韓社會의 考古學的 研究』, 釜山大學校 大學院 博士學位論文. p.p. 198-199.

8) 李午憙 1983, 「淸州新鳳洞 土壙墓出土 三葉形鐵製大刀 保存處理」, 『淸州新鳳洞百済

봉선리 고분군 출토품[9]등이 그 예들이다. 이러한 점 역시 승문 타날호가 지역적으로 충청권을 포함한 중서부지역과 밀접한 관련이 있음을 말해준다. 아마도 백제가 금강유역 일대까지 영역화하기 이전의 4세기 전반경까지의 토착세력들의 토기문화와 관련될 것으로 판단된다.

따라서, 위례산성에서 출토된 승문타날 호는 대략 4세기-5세기 전반경 그곳에 관방이 있었음을 시사하는 것이다. 즉, 정상적인 일상생활과 관련된 것으로는 볼 수 없는 산정상에서 출토되는 토기의 존재는 관방시설과 관련되었을 것임은 짐작하기 어렵지 않을 것이다. 그렇지만 그 무렵 관방 시설은 토축 성벽이 아니었음은 물론이지만 목책과 같은 시설이 있었을 가능성은 배제하기 어렵다.

그리고 이러한 관방시설의 주체 문제와 관련하여 현재까지 확인된 유물 가운데 한성기 백제양식의 토기가 보이지 않는다는 점이 주목된다. 성내의 넓은 지역에 대한 조사가 아직 이루어지지 않아 단정하기는 어려우나 적어도 지금까지 이루어진 다수 지점의 조사에서는 아직 한성기 백제양식 토기가 나오지 않은 점에 대해서는 나름의 의미를 부여할 수 있을 것이다. 이점에 대해서는 위례산성의 변천에 대한 고찰에서 다시 살펴보고자 한다.

■ 把手附 土器片【도면 3-2, 사진 7-2】앞의 승석문 호편과 가까운 지점인 성의 서단부 고지대 탐색갱에서 수습되었다. 파수가 달린

古墳群發掘調査報告書-1982年度調査-』, 百濟文化開發硏究院.
車勇杰・禹鍾允・趙詳紀・吳允淑 1990, 「淸州新鳳洞A地區土壙墓群發掘調査報告」, 『淸州 新鳳洞 百濟古墳群 發掘調査報告書-1990年度 調査-』, 忠北大學校 博物館. p.75.
車勇杰・趙詳紀・吳允淑 1995, 『淸州 新鳳洞 古墳群』, 忠北大學校 博物館. p.131. 및 p. 205.
9) 서천-공주간 고속도로 공사 용지에 포함된 서천군 봉선리 일대에 대한 충남발전연구원 역사문화센타의 발굴조사에서 확인된 것이다. 2003년도 6월 현장 설명회 시 필자 관찰.

점으로 미루어 본래 시루의 한 부분이었던 것으로 추정된다. 회청색을 띠고 있는 경질 소성품으로서 표면에는 타날흔이 희미하게 관찰된다. 성형시 타날한 것을 물손질로 지운 것으로 판단된다.

이러한 표면처리의 특징은 한성기 백제 중앙양식에서는 찾아 보기 어려운 것으로서 앞의 승문호의 경우와 함께 토착적인 토기 양식으로 볼 수 있다. 그리고 성내에서 수습된 토기들 가운데 이와 시기적으로 일치되는 것은 역시 전술한 승문호이어서 그 시점은 대략 4세기 후반~5세기 전반경에 해당되는 것으로 생각된다.

전술하였듯이 일상적인 생활이 매우 불편한 고지대에서 이와 같은 시루가 발견되는 점은 당시 이곳에 있었을 것으로 추정되는 관방시설과 관련됨은 물론이다.

■ 三足器片【도면 3-3~5, 사진 12-1】위례산성에서는 3점의 삼족기가 수습되었는데, 이들은 모두 입장면 호당리 방향에서 산성으로

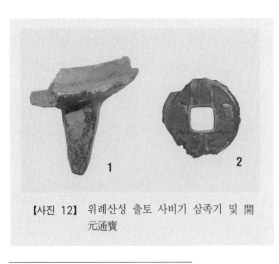

【사진 12】 위례산성 출토 사비기 삼족기 및 開元通寶

올라오는 문지가 있을 것으로 추정되는 계곡부[10]에서 출토되었다. 이곳에는 우물지도 남아 있다. 3점의 삼족기는 구연부와 배신이 낮은 전형적인 泗沘期 백제 유개삼족기에 해당한다.

최근의 삼족기 편년 연구 결과에 따르면

---

10) 任孝宰·崔鍾澤·梁成赫 1997, 『天安 慰禮山城』, 서울大學校人文學研究所. 에서 D지구로 명명한 지점이다.

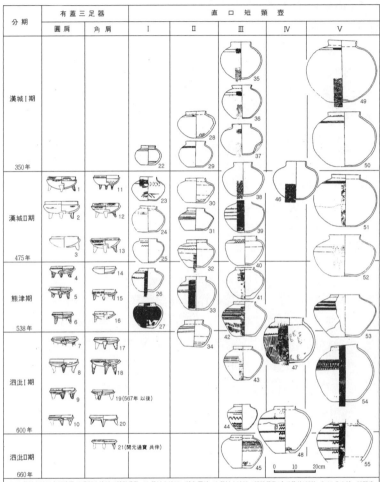

分期	有蓋三足器		直 口 短 頸 壺				
	圓肩	角肩	Ⅰ	Ⅱ	Ⅲ	Ⅳ	Ⅴ
漢城Ⅰ期 350年							
漢城Ⅱ期 475年							
熊津期 538年							
泗沘Ⅰ期 600年							
泗沘Ⅱ期 660年							

1·13.夢村土城88方形遺構·2.夢村土城88-5號貯藏孔·11.夢村土城88-4號住居址·12.夢村土城88-1號貯藏孔(金元龍外1988) 3·14.公山城 28間建物址(安承周·李南奭1992) 4.艇止山 28號貯藏孔·15.艇止山1號石室墳(國立公州博物館1999) 5·6.艅美里8號石室墳·27.艅美里8號石室墳(李尚燁2001) 7.蓮芝里49號石室墳·18.蓮芝里16號石室墳·45.蓮芝里2號石室墳·48.蓮芝里3號石室墳(李弘鍾外2002) 8·10·54·55.軍守里地點(忠南大百濟研究所 發掘) 9·17.東南里(忠南博物館 發掘) 16.定林寺(尹武炳1981) 19.陵寺(國立扶餘博物館2002b) 20·44.九龍里(安承周1977) 21.宮南池赤褐色砂質土層(國立扶餘文化財研究所2001) 22.石村洞破壞墳(任孝宰 1976) 23.法泉里2號墳(宋義政·尹炯元2000) 24.龍院里1號土壙墓·51.龍院里2號土壙墓(李南奭2000) 25.新鳳洞13號土壙墓(李隆助·車勇杰1983) 26.汾江楮石里나號埋納遺構·40.汾江楮石里가號埋納遺構(李南奭1997) 28.馬霞里21號石槨墓·49.馬霞里1號石槨墓(金載悅外1998) 29.石村洞3號墳墳東쪽4號土壙墓·35.石村洞3號墳東쪽3號土壙墓·36.石村洞3號墳東쪽8號土壙墓·37.石村洞3號墳東쪽A地域中層·38.石村洞3號墳東쪽9號土壙墓·52.石村洞3號墳東쪽9號土壙墓(金元龍·林永珍1986) 39.熊浦里93-3號墳(崔完奎1995) 41.山儀里28號石室墳·42.山儀里40號石室墳·43.山儀里39號石室墳(李南奭1999). 46.石村洞2號墳(金元龍外1989) 47.松菊里百濟土壙墓(國立扶餘博物館2000a) 50.夢村土城(金元龍外1988) 53.公山城5號貯藏孔(安承周·李南奭1992)

【도면 5】 백제 삼족기 및 직구단경호의 편년 (朴淳發 2003에서 전재)

泗沘 II 期(600~660년 사이)에 비정 가능하다(도면 5 참조). 이 단계의 표지적인 예로는 최근 조사된 부여 宮南池遺蹟 南北水路에서 開元通寶와 공반된 삼족기를 들 수 있다(도면 5의 21).

이러한 사비기 삼족기의 출토는 이 성이 그 무렵 백제의 중앙권력에 의해 점용되었음을 의미하며, 유적의 성격은 이 지역의 지정학적 위치로 보아 백제와 신라가 접경하고 있는 지점에 설치된 백제의 최전방 관방시설로 판단된다.

◾ 開元通寶 【사진 12-2】 위례산성 동북쪽 G지구로 명명한 지점의 (도면 2 참조) 성벽 절개 조사시 지표 수습된 것이다. 이 지점의 성벽은 안팎으로 성벽의 폭만큼 거리를 두고 2열의 석렬을 쌓고 그 내부를 성토하는 방식으로 축조되었는데, 성토층내에서 고려자기 등이 혼입되어 있는 점으로 미루어 축성시점은 고려이후로 파악되었다. 그러나 이 성벽 아래 퇴적토에서 백제시대 器臺片이 출토되어 전술한 바와 같이 앞선 시기에도 이미 이 곳이 관방시설로 점용되었음은 분명하다. 개원통보는 621년 처음 주조된 이래 오랜 동안 여러 차례 주조가 반복되면서 통용된 鑄貨이므로 토기와 같은 공반 유물이 없으면 그 정확한 주조 및 사용 시점을 비정하기 어렵다. 위례산성 출토 개원통보는 직경이 2.5cm이고 중량은 2.5g이다. 현재까지 삼국시대 유적에서 출토된 개원통보의 크기 및 중량은 다음과 같다.

◾ 삼국시대 유적 출토 개원통보 일람표

출토유적명	직경(cm)	중량(g)	비 고	出典
宮南池遺蹟 南北水路	2.45	3.39	621년 주조추정	1
〃	2.3	2.45	〃	1
〃	2.39	3.39	〃	1
〃	2.47	4.01	〃	1

	2.47	4.75	"	1
"	2.45	3.40	"	1
"	2.45	3.80	"	1
"	2.39	2.07	"	1
官北里 推定王宮址 (2점중 1점)	2.49		百濟? 唐?	2
楊州 大母山城	2.4	2.1	新羅	3
扶蘇山城	2.5	2.33	百濟? 唐?	4
"	2.4	2.55	百濟? 唐?	5
"(2점중 1점)	2.5		百濟? 唐?	6

<出典>

1. 國立扶餘文化財研究所 2001, 『宮南池Ⅱ』.p.p. 386－388.
2. 尹武炳 1985, 『扶餘官北里百濟遺蹟發掘報告(I)』, 忠南大學校 博物館.P. 37.
3. 文化財研究所・翰林大學校博物館 1990, 『楊州大母山城發掘報告書』. p.174.
4. 沈正輔・洪性彬・尹根一・崔孟植 1996, 「扶蘇山城－竪穴建物址, 西門址, 南門址 發掘調査報告－(1983－1987年)」, 『扶蘇山城發掘調査報告書』, 國立文化財研究所. p.p. 211－222 ; 467.
5. 沈正輔 外 1996, 위책. p.169 ; 448.
6. 扶餘文化財研究所 1995, 『扶蘇山城發掘調査中間報告』, p185. ; 473.

이 밖에도 新安海底沈沒船이나 中原 樓岩里 고려시대 석곽묘 등에서도 출토된 바 있으나 삼국시대와는 관련이 없는 것이므로 소개를 생략한다.

이상 살펴본 개원통보의 출토예로 보면 위례산성 출토품은 대체로 부소산성 등에서 출토된 것과 유사하므로 일단 사비기 백제시대에 사용된 것으로 추정된다.

■ 推定 碑趺【사진 13】 A지구 성벽 절개 지점의 성벽 내측 기초 석렬에서 약 2m 가량 떨어진 지점의 경사면에서 확인되었다. 반파된 것으로 남아 있는 부분의 크기는 길이 1m, 폭 0.8m, 높이 0.4m 가량 되는 정육면체이다. 윗면 가운데 부분에는 폭 25cm, 깊이 18cm 가량 되는 단

면 사각형의 홈이 파여져 있는데, 전술한 것처럼 반파되어 잔존하고 있는 부분의 홈 길이는 약 60cm 정도 된다. 홈이 파여져 있는 점과 상면 및 4면을 잘 다듬어 놓은 점 등으로 미루어 碑趺, 즉 碑石의 받침이었을 것으로 추정된다.

【사진 13】 위례산성 내부에 노출되어 있는 추정 碑趺

이와 관련하여 『輿地圖書』稷山縣 古蹟條의 기록이 주목된다. 그 내용은 이러하다.

"慰禮城..(中略)...土築　周圍一千六百九十尺　高八尺　今已頹圮　內有一井又有碑趺 天旱則祈雨於此..(後略)"

위례성은 토축으로 주위가 1690척이고 높이는 8척인데, 지금은 이미 허물어졌다. 성내에는 우물이 하나 있고 또한 비석 받침이 한 개 있다. 가뭄이 들면 여기에서 비를 빈다는 내용이다.

한편, 이보다 앞 선 시점의 기록인 『新增東國輿地勝覽』稷山縣 古蹟 條에는 "慰禮城..(중략)..土築 周一千六百九十尺 高八尺 內有一井 今半頹 圮"로서 앞의 여지도서의 내용과 거의 같으나 "碑趺"에 대한 기록은 보이지 않는다. 이러한 점은 혹 신증동국여지승람 찬술시점(1530년경)에는 없던 비석이 그 이후 어느 시점에 건립되고 여지도서 찬술 시점(1760년 이후)에 이르러서는 비신이 없어지고 마침내 비부만 남게 된 데에 비롯된 것이 아닐까 한다.

지금 남아 있는 다듬어진 방형 석괴가 여지도서가 언급하고 있는 그 비부인지는 확실치 않으나 그 형태로 보아 비석의 받침일 가능성은 매우 높으며, 이 경우 위례산성 내에서 발견된 비부가 이것밖에 없는 점으로 보아 그 가능성은 배제하기 어렵다.

2. 慰禮山城 內部 採集遺物

■ 統一新羅 기와

【도면 7-1, 사진 15-1】太線文 암키와편으로, 등면에 표현된 凸部의 폭이 0.2cm 정도인데 반해 凹部의 폭이 0.6cm에 달하는 굵은 선문이 시문된 것이다. 태선문은 등면에 거의 직선에 가깝게 찍혀 있으며 0.2cm 가량의 횡선이 일부에서 확인된다. 작은 파편이어서 타날판의 전체 크기를 복원할 수 없으나, 암키와의 장축과 평행하도록 0.2cm 정도의 홈을 0.6cm 간격으로 파냈으며, 또한 이와 직교하도록 일정한 간격을 두고 횡선을 그은 것이다. 내면의 포목흔은 1cm당 10×10올 정도로 매우 조밀한 편이다. 태토는 모래와 운모가 약간 혼입된 니질점토이며, 회황색 연질소성이다. 두께는 1.3cm이다.

【사진 14】 위례산성 내부 기와무더기 모습

1   2

【사진 15】 위례산성 내부 채집 통일신라기와

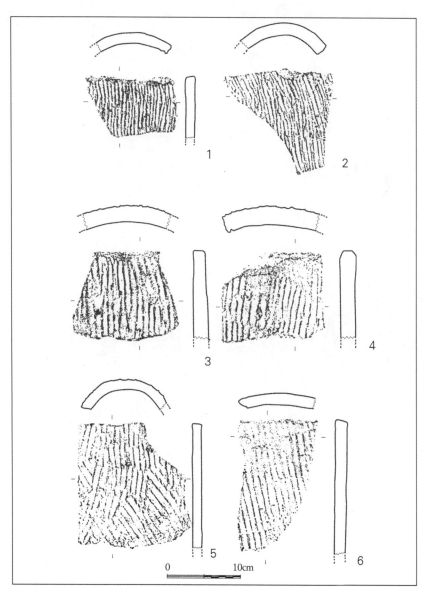

【도면 6】 위례산성 출토 통일신라 기와

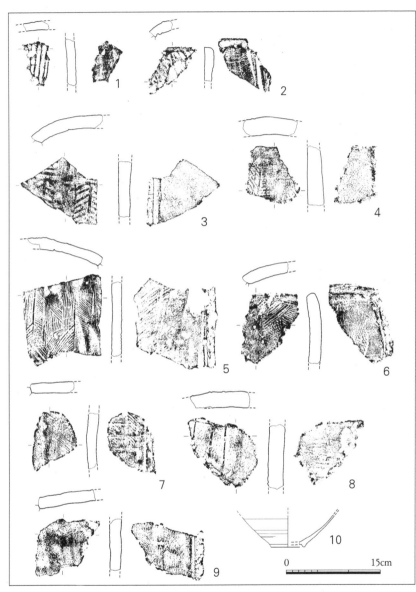

【도면 7】 위례산성 채집(금회조사) 기와 및 청자

【도면 7-2, 사진 15-2】위와 비슷한 크기의 凹凸을 가지는 태선문 암키와편이지만, 등면에 斜線으로 타날한 점이 다르다. 문양은 기와 先端에서 0.6cm 정도 간격을 둔 지점부터 시문되고 있다. 기와 분리시 와도를 이용하여 안에서 밖(등쪽)으로 1/4 정도(0.2~0.3cm) 긋고 분리하였으며 破面은 정면하지 않았다. 또한 기와분할시의 분할계선 흔적이 측면 가까이에서 확인되는데 젓가락식으로 판단된다. 포목밀도는 10×10 올/1cm 내외이다. 태토는 미량의 운모와 석립이 다소 섞인 점토이며, 회황색 연질로 소성되었다. 두께는 1.2cm이다.

상기 두 점과 동일한 형태의 태선문 기와가 출토된 유적으로는 함안 城山山城[11]을 비롯하여, 하남 二城山城[12]·포천 半月山城[13]·이천 雪峰山城[14]·서울 虎岩山城[15]·대전 鷄足山城[16] 등을 들 수 있다. 이들 유적에서 공반되는 인화문토기의 양상으로 보아 太線文 기와의 연대는 신라말~통일신라시대로 볼 수 있다. 그런데 위례산성에서 채집된 태선문 기와는 橫線文樣帶 구성에 水滴文과 馬蹄文이 결합한 7세기 중후반대의 印花文 盒과 함께 9세기대의 주름문 호가 출토된 바 있으나, 공반관계를 알 수 없어 어느 단계와 연결되는지 불분명하다. 단지 이 태선문 기와의 존속 기간 폭을 감안하면 7세기중후반~9세기로 잠정할 수밖에 없는 실정이다.

■ 高麗~朝鮮時代 기와

【도면 7-3·4, 사진 16】어골문이 시문된 평기와로 작은 파편상태라서 전체 문양대를 파악할 수 없으나, 도면 7-3의 경우는 어골문과

---

11) 國立昌原文化財研究所 1998, 『咸安 城山山城』.
12) 漢陽大學校博物館 2002, 『二城山城 9次 發掘調查報告書』.
13) 단국대학교매장문화재연구소 2002, 『포천 반월산성 6차 발굴조사보고서』.
14) 단국대학교매장문화재연구소 2001, 『이천 설봉산성 2차 발굴조사보고서』.
15) 서울大學校博物館 1990, 『한우물-虎岩山城 및 蓮池 發掘調查報告書』.
16) 忠南大學校 百濟研究所 2002, 『鷄足山城 發掘調查 略報告』.

함께 다중의 방격문이 표현되어 있다. 聖住寺址 출토품 중에는 이러한 형태의 방격문안에 명문이 있는 경우가 많으며, 叩板은 대체로 長板을 사용한 것이 특징이다[17]. 두 점 모두 2~2.5cm 정도로 두꺼운 편으로 고려시대 이후 기와의 특징을 잘 보여주고 있다. 성주사지 기와 편년과 비교할 때 13세기대로 판단된다.

【사진 16】 위례산성 내부 채집 고려시대 기와

【도면 7-5~7, 사진 17】 삼각집선문을 비롯하여 평행선문, 또는 어골문과 비슷한 문양을 복합적으로 구성한 기와들이다. 와도분리흔이 확인되는 것들은 모두 안에서 밖으로 긋고 절단하였으며, 파면은 정리하지 않은 상태로 남겨 놓았다. 이들은 성주사지의 16세기 조선전기 기와

---

17) 成正鏞 1998,「기와」,『聖住寺』, 忠南大學校博物館.

【사진 17】 위례산성 내부 채집 조선시대 기와

들과 문양구성이 흡사한 점에서 동시기로 이해된다

3. 慰禮山城 周邊 建物址 採集遺物

■ 高麗靑磁

【도면 7-10, 사진 19·20】 구연부가 결실된 靑磁 盌의 저부 및 동체부편이다. 다소 탁한 쑥색유가 시유되었는데, 유약은 내면을 전면 시유한 반면, 외면은 굽다리에서 2~2.5cm 높이까지는 시유하지 않았다. 유약이 시문된 곳은 1mm 내외의 조밀한 망상빙렬 흔적이 확인된다. 내저 면에는 굽다리직경보다 약간 좁은 크기의 圓刻이 돌려져 있으며, 원각 바로 위에 0.6×1.2cm크기의 耐火土 받침흔이 한 곳 남아 있다. 절반 가량

남아 있는 상태이므로 내화토 받침은 원래 세 곳에 마련되었을 것이다.

굽다리형태는 높이가 낮은 輪形굽으로, 접지면은 편평하여 지면에 밀착되어 있다. 이러한 형태는 龍仁 西里窯址 출토품의 굽형태 분석을 통해서 D식으로 명명된 것으로 해무리굽의 후속 굽형태에 해당하며, 받침은 모두 내화토 받침으로 되어 있는 특징이 있다[18]. 제작시기는 11세기 말에서 12세기 전반경으로 추정된다.

복원 저경은 5.2cm이며 現高는 4.7cm이다.

【사진 18】 위례산성 주변 건물지(추정 寺址)

---

18) 朴淳發 1998, 「土器·磁器」, 『聖住寺』, 忠南大學校博物館.

【사진 19】 위례산성 주변 건물지 채집 청자

【사진 20】 사진 19 청자의 내면

■ 高麗~朝鮮時代 기와

【도면 7-8·9, 사진 21】 작은 瓦片들로 시기판정이 용이하지 않은 것들이다. 한 점은 넓은 격자문과 함께 菊花文은 아니지만 이와 유사한 문양이 복합시문되어 있다. 聖住寺 등지에서 확인되는 어골문과 국화문이 長板에 시문된 기와들과 관련시킨다면 조선 전기로 추정할 수도 있으나, 전술한 바와 같이 확실한 국화문의 형태도 아니여서 분명치 않다. 어쩌면 위의 고려청자와 같이 채집된 바를 중시한다면 고려시대로 편년될 가능성도 배제할 수는 없다.

【사진 21】 위례산성 주변 건물지 채집 기와

4. 慰禮山城 周邊 納安里寺址 採集遺物

■ 朝鮮時代 기와

【사진 22】 青海波文이 시문된 유단식 수키와편으로 절반정도 남아 있는 상태이다. 기와는 내면에서 등면을 향해서 와도로 1/3 정도 그은

【사진 22】 남안리사지 채집 조선시대 기와

【사진 23】 위례산성 주변 추정 보루유적 구릉 하부 채집 石彈

후 타격하여 분리하였으며 파쇄면은 정면하지 않았다. 이러한 형태의 청해파문은 대략 조선시대 17세기경에 유행하는 것으로 추정된다.

5. 慰禮山城 周邊 推定 堡壘遺蹟 丘陵 下部 採集遺物

■ 石彈【사진 23】石彈으로 이용하기 위해 가공된 돌들로, 직경 30cm 내외 크기의 타원형으로 잘 다듬었다. 이들은 주로 전투시에 아래쪽에서 공격해 오는 적들을 향해 높은 지점에서 투척하는 방식으로 적을 살상하는 석제 무기에 해당한다. 석재는 대부분 위례산성 주위에서 쉽게 얻을 수 있어, 산성 전투시에 효율적으로 사용되었을 가능성이 높다.

【박순발 · 이형원】

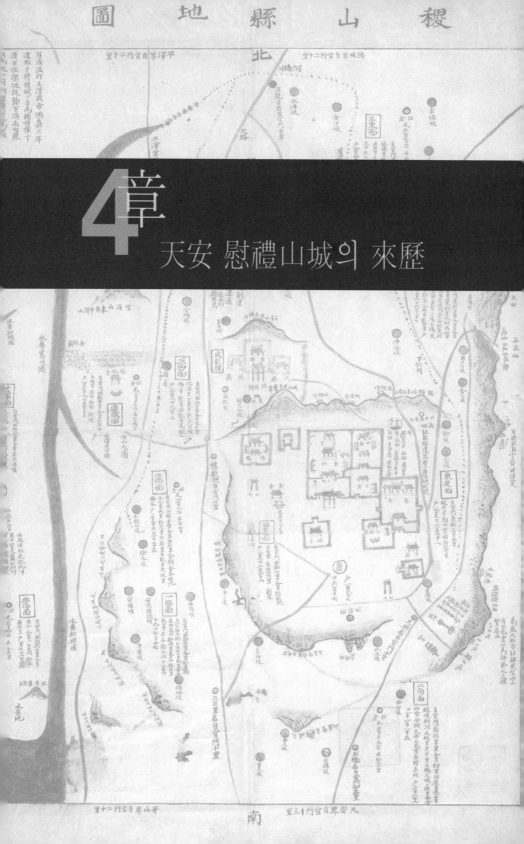

4章

天安 慰禮山城의 來歷

4章
天安 慰禮山城의 來歷

앞서 위례산성 및 그 주변에서 확인된 고고학자료에 대해 살펴보았다. 여기서는 그러한 자료를 토대로 위례산성의 축조 시점, 그리고 그 이후의 역대 변천상을 중심으로 검토해보기로 한다.

1. 慰禮山城 地名 淵源

본격적인 고고학자료 검토에 앞서 지금의 위례산성이 "위례"라는 지명을 가지게 된 연원에 대해 알아볼 필요가 있을 것이다. "위례"라는 명칭은 백제의 초도지를 지칭하는 고유명사인 만큼 언제부터 이 산성이 위례성으로 불려져 왔느냐에 대한 검토는 이 성의 역사적 성격을 이해하는 데에 매우 중요한 시사를 가지고 있을 것으로 여겨지기 때문이다.

이를 위하여 지금까지 남아 전하는 古地圖에서 지금의 천안 위례산

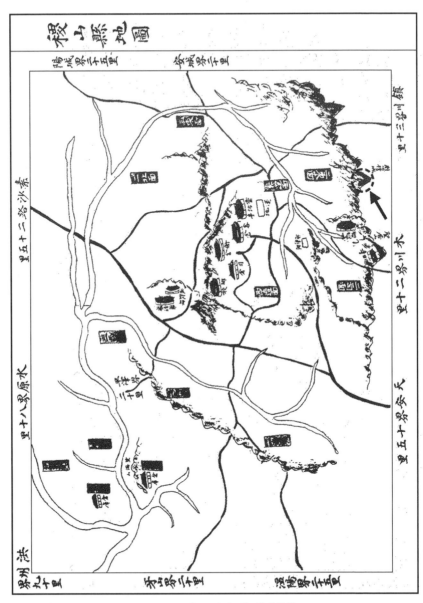

【도면 8】 『輿地圖書』의 위례산성

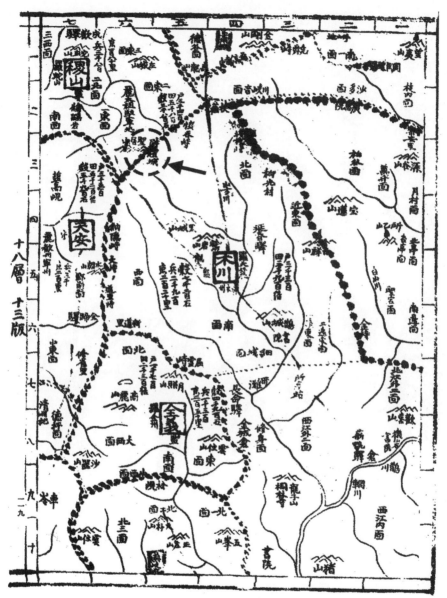

【도면 9】『靑邱圖』의 위례산성

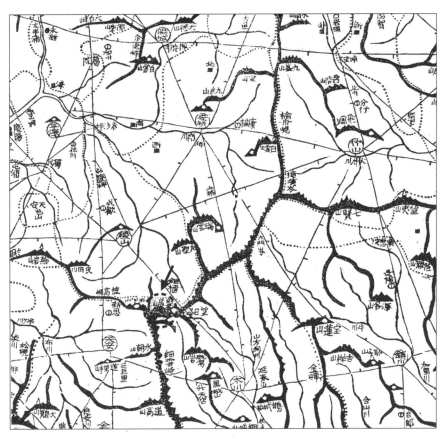

【도면 10】『大東輿地圖』의 위례산성

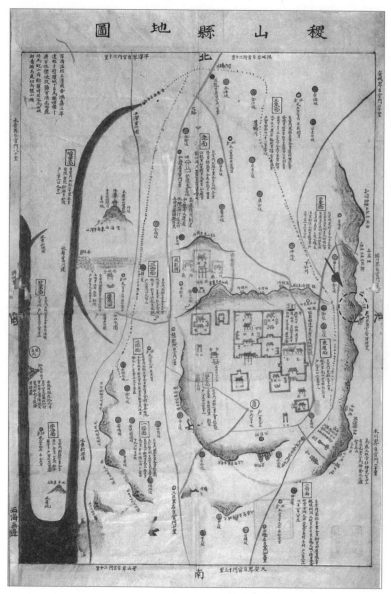

【도면 11】 조선후기 稷山縣地圖의 위례산성

성에 대한 표기가 어떻게 되어 있었는지를 살펴보는 것이 좋을 듯하다.

현재 남아 전하는 고지도류는 모두 조선시대 후기이래 편찬된 것들 뿐이지만 다음과 같은 지도에 "慰禮城"의 명기가 확인되고 있다.

『輿地圖書』稷山縣條 冒頭 지도에는 직산현의 남쪽에 聖居山과 함께 慰禮城이 보인다. 성거산과의 관계로 보아 그 북쪽에 표시된 위례성은 지금의 위례산성이 틀림없을 것으로 판단된다(도면 8 참조). 여지도서는 1760년 이후 어느 무렵에 편찬된 것으로 보고 있다.

여지도서보다 늦게 만들어진 『靑丘圖』에는 木川과 稷山의 경계지점에 위례성이 표시되어 있다(도면 9 참조). 이 지도는 金正浩에 의해 1837년도에 완성된 것이다. 그리고 1872년도까지 전해지던 지방지도를 취합하여 놓은 奎章閣 소장 『朝鮮後期地方地圖』에도 稷山縣地圖에 위례성이 표기되어 있다. 직산현의 동쪽 목천현과 경계를 이루는 지점에 위치하고 있어 지금의 위례산성을 가리키는 것이 분명하다. "위례성"이라는 표기 옆에 "百濟古都 山上有一井深四尺"이라는 설명도 있다(도면 11 참조).

그 이전의 지도류는 남아 전하는 것이 없어 확인할 길이 없으나, 성종(재위 1470~1494년)대에 찬수되어 중종 25년(서기 1530년)에 증보된 『新增東國輿地勝覽』稷山縣 古蹟條에도 "위례성"이 기록되어 있으며, 그 내용이 『여지도서』와 거의 동일한 점으로 보아 지금의 위례산성을 당시에도 "위례성"으로 부르고 있었음을 알 수 있다. 그렇다면, 결국 朝鮮 前期이래 지금까지 현재의 천안 위례산성은 "위례성"으로 불려지고 있었던 것이다. 위례성이라는 명칭이 한성기 백제의 도성을 가리키는 고유명사임은 두말할 필요 없으므로 이 산성에 부여된 조선시대의 지명 표기는 결국 이곳을 백제의 도읍지로 이해하고 있던 결과였을 것이다. 조선시대의 이와 같은 백제 도읍지에 대한 인식은 茶山 丁若鏞의 『與猶堂全書』我邦彊域考 慰禮考에서 자세한 논증을 통해 그 오류를 지적한 바 있으나, 그러한 역사 인식의 시작은 조선시대 이전에도 있었던 것으로 보아야 할 것이다.

현재까지 알려진 문헌사료에 따르면, 지금의 위례산성이 위치한 稷山 일대가 백제의 첫 도읍지였다는 인식의 시작은 『三國遺事』에서 비롯된다. 『삼국유사』王曆表 百濟 溫祚王條와 紀異 第二 南夫餘·前百濟條 등의 기사가 그것이다. 왕력표에는 "都慰禮城 一云蛇山 今稷山"으로 되어 있으며, 기이 남부여·전백제조의 관련기사는 『三國史記』百濟本紀 溫祚 建國條 기사를 인용한 후 이어 聖王代에 이르러 泗沘로 천도한 사실을 덧붙인 단락 말미 細註에서 "彌雛忽仁州 慰禮今稷山"이라는 간단한 언급에 지나지 않는다. 撰者 一然(1206~1289년)이 어떤 근거를 가지고 그러한 기술을 하였는지 알길이 없다. 삼국사기를 인용한 형식을 취한 서술 부분도 현전하는 『삼국사기』백제본기 해당부분과 구체적으로 대비해보면 얼마간의 異同이 있는데, 文意 변동이 없는 범위에서 간략화 한 것이 대부분 이지만, 백제의 王姓을 삼국사기의 "...故以扶餘爲氏"라 한 것을 "...故以解爲氏"로 고쳐 쓴 부분 등 명확히 수정을 가한 곳도 있다. 이러한 점으로 미루어 "위례는 지금의 직산이다"라는 註는 당시 입수 가능하였던 모종의 정보에 바탕한 것이거나 또는 일연 나름의 견해를 적어 넣은 것이라 여겨진다. 『삼국사기』지리지에는 "慰禮城"을 三國有名未詳地分條에 포함시킨 것임에도 굳이 세주에서 "위례는 지금의 직산"이라고 밝힌 데서도 그러한 당시의 정황을 짐작할 수 있음은 물론이다.

삼국사기가 만들어진 1145년 무렵은 물론이고 삼국유사의 완성 시점으로 추정되는 1281~1289년 사이에 이르는 무렵까지도 백제의 초도지에 대한 역사지리적인 고증은 명확하지 않았던 것으로 보여진다. 1215년에 편찬된 것으로서 삼국유사 찬술시에 일연이 인용하기도 한 『海東高僧傳』釋摩羅難陀條에는 백제의 건국 및 도읍지와 관련하여 비류("避流"로 표기)와 온조("恩祖"로 표기)가 남으로 내려와 漢山에 이르러 개국하였으니 지금의 廣州가 그것이다("...至漢山開國今廣州是也")고 하고 있는 점에서도 12~13세기 고려시대의 삼국시대 역사지리에 대한 지식계의 인식을 엿볼 수 있다. 백제가 멸망한 이후 약 6~700백년이 경과된 무렵에 이르러 이처럼 그 첫 도읍지가 어디였는지조차 알 수 없게 된 데에는 멸망한 왕조로서 백제측의 기록이 망실 또는 몰각되었을 저간의 사정을 짐작하기는 어렵지 않으나, 특히 초도지였던 한강유역이 삼국 사이의 각축장이 되어 그 주인이 백제, 고구려, 신라 등으로 빈번히 바뀌었던 역사적 배경 역시 일정한 원인이 되었을 것으로 보인다.

아무튼, 백제 초도지에 대한 역사지리적 고증을 둘러싸고 있었던 고려시대 이래의 이견들은 조선시대에도 이어졌으나, 조선조에 들어 官撰된 『高麗史』, 『世宗實錄地理志』, 『신증동국여지승람』 등에서 직산 위례성설이 채택되면서 우위를 점하게 되었던 것으로 이해된다. 그러나, 『肅宗實錄』36년 12월 28일조 및 37년 2월 5일조 등에는 북한산성 축조와 관련하여 그곳이 백제 온조가 도읍을 정하였던 곳 또는 온조의 옛도읍이라는 언급이 보인다. 그리고 대략 19세기 후반에 찬술된 尹廷琦의 『海東紀略』廣州條에는 온조가 漢山아래 "宮村"에 도읍을 세웠는데 그것이 곧 河南慰禮城이라고 하고 있다. 이처럼 18～19세기 무렵에는 한강유역의 초도설이 우세해지고 있는데, 이러한 당시 역사인식의 반영인지 모르겠으나 김정호의 『大東輿地圖』에도 전술한 여러 지도류에 보이던 직산 부근의 "위례성" 표기가 없을 뿐 아니라 『大東地志』에서도 그 내용으로 보아 지금의 위례성을 지칭하는 것이 분명한 산성을 "성거산고성"으로 기록하고 있다.

백제의 초도지가 직산이냐 한강유역이냐를 둘러싸고 고려시대 이래 지식계 또는 전통사학계의 인식이 통일되지 않았음을 보았거니와 이에는 문헌사료나 지역전승만을 토대로 전개될 수밖에 없었던 전근대 역사지리 방법의 한계와도 무관치 않을 것이다. 고고학적 방법을 통해 보다 구체적이고 직접적인 판단근거를 확보할 수 있는 오늘에 있어서는 사정이 사뭇 다름은 두 말할 필요 없으며, 그 결과 천안 위례성이 백제의 초도지가 아니었음은 그간의 고고학조사를 통해 이미 밝혀진 바 있다.

그렇지만, 이곳이 백제의 초도지로서 위례성이 아니라는 점만으로 그 성격을 모두 규명하였다고 할 수는 없다. 앞서 본 것처럼 설사 백제의 첫도읍지 여부를 차치하고서도 고려 조선시대에 걸친 약 600여년의 장구한 세월 동안 "위례성"으로 불려지고 있었으며, 또한 그때 그때의 지식계나 학계가 나름의 의미를 부여해 온 것 자체로서도 歷史地理學史的 또는 史學史的 의미가 매우 크다.

천안 위례성이 백제의 초도지가 아니라고 갈파한 다산 정약용도 이곳이 백제의 위례성은 아니지만 그러한 명칭이 유래된 것을 그저 虛妄한 것으로는 볼 수 없다고 하여 혹 文周王이 웅진으로 천도하던 무렵의 사실과 관련이 있을 것이라는 해석을 내리기도 하였다. "稷山은 漢城에서 남쪽으로 熊津으로 가는 도중에 있기 때문에 여기에 잠사 머물면서 북쪽으로 옛 도읍의 소식을 듣고, 남쪽으로 새 도읍의 일을 처리했음이 이치에 맞을 것이다.19)"라는 것이 다산의 해석이다.

천안 위례성에 대한 다산의 해석과 성격규명은 이후 李丙燾, 申采浩 등 근대사학적 해석의 효시가 된다. 이병도는 직산일대가 본래 馬韓 중심세력이었던 目支國의 소재지였는데, 이것이 후세 어느 때인가 망각됨에 따라 잘못 백제의 고도인 위례로 傳稱해 온 것이라 해석하였다20). 신채호는 광개토왕의 한성 공략으로 위기에 처한 백제가 직산 지역으로 천도하여 475년 고구려에 함락되기까지 도읍한 곳으로 보았다21). 아무튼, 이러한 해석들은 오래도록 위례성이라는 지명이 전해져 온 까닭을 가벼이 보아 넘기지 않는 선학들의 진지한 학문적 자세와 함께 지금 위례산성의 성격을 규명함에 있어서도 많은 시사를 담고 있다.

---

19) 丁若鏞, 『我邦疆域考』慰禮考(이민수 1995 역, 『아방강역고』, 범우사. p.186)
20) 李丙燾 1974, 「慰禮考」, 『學術院論文集』13.(李丙燾1976, 『韓國古代史硏究』, 博英社. p.p. 486 所收)
21) 申采浩 1931, 「高·百 兩國의 衝突」, 『丹齋申采浩全集』上(朝鮮上古史), 螢雪出版社, 1982. p.p.208-209 ; 215-216.

2. 考古學資料로 본 慰禮山城의 變遷

앞의 Ⅲ장에서 이미 살펴보았듯이 그 동안의 발굴조사 및 금번의 현지조사를 통해 수습된 위례산성 출토 유물들은 크게 5단계로 구분할 수 있다. 이하 각 단계별 고고학자료를 통해 당시의 위례산성의 모습들을 상정해보기로 한다.

1) 百濟 漢城期의 慰禮山城

한성기(3세기 중후반~475년 사이의 기간) 백제와 관련된 위례산성 출토유물로는 승문호(도면 3-1 ; 사진 7-1)와 파수부 토기편(도면 3-2 ; 사진 7-2) 등을 들 수 있다.

이들은 대략 4세기~5세기 전반경에 비정되는 것으로서 양식적으로는 한성기 중앙양식과는 다른 토착 토기들로 판단된다. 그러나 파편상태이기는 하나 한성양식 高杯의 굽다리편으로 판단되는 토기도 수습된바[22] 있어 이 유적의 점유 주체는 백제의 중앙세력으로 보는 것이 가능하다. 이러한 유물이 위례산성 내에서 확인되는 점으로 보면 당시 이곳이 일종의 관방시설이었음을 알 수 있다. 그러나 현재까지 확인된 바로는 당시의 관방시설이 구체적으로 어떤 것인지를 알 수 없다. 승문호가 출토된 지점이 토축성벽 축조 이전의 구지표면이었으므로 적어도 현재의 토축성벽과는 관련 되지 않음은 분명하다. 아마도 목책과 같은 관방시설이 있었을 것으로 추정된다.

전술한 것처럼 승문호와 파수부 토기편은 한성기 백제의 중앙양식은 아니다. 그러나 최근 천안 일대에서 조사된 龍院里 古墳群[23]이나 청주 新鳳洞 古墳群[24] 등에서 출토되는 토기로 보면 대략 4세기 전반 또

---

22) 任孝宰・崔鍾澤・梁成赫 1997,『天安 慰禮山城-試掘 및 發掘調査報告書-』, 서울 大學校人文學研究所. p.42 ; 92 ; 137.

23) 李南奭 2000,『天安龍院里古墳群』, 公州大學校博物館.

는 중엽경이면 한성양식의 토기가 부장되고 아울러 중앙으로부터 사여된 것으로 추정되는 수입 古越磁나 單鳳環頭大刀 등이 확인되고 있어 그 무렵 위례산성에 축조되었을 관방시설이 백제의 중앙과 무관한 것으로 보기는 어렵다.

백제 중앙이 축조한 관방시설이라면 이는 백제가 馬韓지역으로 영역화하는 과정과 관련된 것이 된다. 기왕에 알려진 한성기 백제의 관방시설 가운데 한강이남, 즉 마한지역에 축조된 것들로는 利川 雪峰山城, 陰城 望夷山城, 公州 公山城, 全州 夜山山城 등이 있는데[25], 이와 더불어 여기의 위례산성은 한성기 백제 관방시설의 새로운 예를 더하는 셈이다.

2) 百濟 泗沘期의 慰禮山城

위례산성 출토 유물 가운데 사비기에 해당되는 것으로는 전술한 三足器(도면 3-3~5 ; 사진 12-1)와 더불어 圓筒形器臺片[26], 그리고 開元通寶(사진 12의 2) 등이 있다. 이들은 대부분 지표채집된 것이기는 하나, 그 가운데 원통형기대편은 G지구 성벽절개 조사시 성벽 축조 이전 퇴적층 속에서 출토된 것이다. 그러므로, 사비기 백제의 관방시설 역시 현재 남아 있는 성벽이 아님은 물론이다.

---

24) 李隆助·車勇杰 1983,『淸州新鳳洞 百濟古墳群發掘調査報告書-1982年度 調査-』, 百濟文化開發硏究院.
   車勇杰·禹鍾允·趙詳紀·吳允淑1990,「淸州新鳳洞A地區土壙墓群發掘調査報告」,『淸州 新鳳洞 百濟古墳群 發掘調査報告書』, 忠北大學校 博物館.
   이원복·김홍주·김성명·박진우1990,「청주신봉동B지구널무덤발굴조사보고」,『淸州 新鳳洞 百濟古墳群 發掘調査報告書』, 忠北大學校 博物館.
   車勇杰·趙詳紀·吳允淑1995,『淸州 新鳳洞 古墳群-1993年度調査-』, 忠北大學校 博物館.
   車勇杰·趙詳紀1996,『淸州 新鳳洞 古墳群-1995年度 調査-』, 忠北大學校 博物館.
25) 朴淳發 2002,「漢城期 百濟의 城郭」,『鄕土서울』第62號, 서울特別市 市史編纂委員會.
26) 任孝宰·崔鍾澤·梁成赫 1997,『天安 慰禮山城-試掘 및 發掘調査報告書-』, 서울大學校人文學硏究所. p.52 ; 99 ;150.

최근까지 알려진 고고학자료로 보면 한성 함락이후 한 때 고구려는 지금의 충북 淸原郡 芙蓉面 일대를 거점으로 하여 대전지역에까지 그 세력을 미친 것으로 추정된다. 2002년도에 조사된 청원 남성골 산성[27]과 대전 월평동유적[28] 등에서 잇달아 확인되고 있는 고구려유물의 존재는 그러한 당시의 상황을 잘 말해주고 있다. 그후 6세기 중후반경에는 지금의 淸州市 및 淸原 梧倉일원, 그리고 대전 鷄足山城 일대의 이북지역은 신라의 영역으로 편입되었다. 이러한 점은 청원 오창 主城里 1호 횡혈식 석실분 출토 신라토기[29], 그리고 계족산성 출토 신라토기 등으로 잘 알 수 있다.

천안 일대에 백제가 들어오는 무렵은 천안 白石洞山城[30]이나 여기의 위례산성 출토 백제토기로 보아 대략 사비기로 추정되는데, 전술한 삼족기나 개원통보 등의 시기로 보면 7세기에 해당된다. 『삼국사기』백제본기 義慈王 9년(서기 649년)조에 보이는 道薩城을 놓고 벌이는 공방[31] 등이 위례산성 내에서 출토되는 유물 내용과 방불하다 할 것이다.

아무튼, 위례산성을 비롯한 백석동산성 등 일련의 사비기 백제관방시설은 사비기에 전개되는 신라와 백제의 군사적인 대치 상황에서 축조된 것으로서 당시 천안 지역은 양국의 첨예한 대립이 상존하던 국경에 해당하였던 것이다.

---

27) 忠北大學校 博物館 2002, 『청원 부용면 남성골산성 발굴조사 약보고서』.
28) 충청매장문화재연구원 2000, 『대전 월평동산성 발굴조사 약보고서』.
29) 주성리 고분군에는 2기의 횡혈식실분이 조사되었는데, 2호분에는 한성기 백제의 유물이 부장되어 있었으나 1호분에는 6세기 중후반 경의 신라양식 토기가 부장되어 있었다. 이는 이 지역의 정치적 소속의 변화를 잘 반영하고 있는 것으로서 중요한 자료이다.
   韓國文化財保護財團 2000, 『淸原 主城里遺蹟』. p.p. 138 - 169. 참조.
30) 李南奭 2002, 「天安 白石洞 土城」, 『熊津時代의 百濟考古學』, 서경. p.p.221 - 247.
   발굴자인 이남석은 이 산성의 축조시점을 6세기초경으로 보고 있으며, 그 근거는 방사성탄소연대이다. 그러나 벼루나 직구단경호의 형태로 보면 7세기대 이후의 사비기로 비정하는 것이 적당하다.
31) 본서 V장 참조.

3) 統一新羅時代의 慰禮山城

위례산성 내에서 출토된 통일신라시대의 유물은 대략 전후 2시기로 세분된다. 7세기 중후엽경의 印花紋土器 및 短脚高杯(도면 3-6·7 ; 사진 24-1)와 9~10세기경 이른바 羅末麗初期의 일련의 토기들(도면 3-8·9 ; 사진 24-2)이 그것이다. 토기 이외에 기와에 있어서도 그러한 시기적인 세분이 가능한데, 【사진 25】의 기와류는 대략 7세기 중엽 이후에 해당되며, 【사진 15】의 기와류는 나말여초기에 해당된다.

이러한 기와류는 A지구 성벽절개조사시 성토층 내부에 혼입되어 출토된 바 있는데, 대략 사진 10의 7세기 중후반 경의 기와들이 그에 해당된다. 이는 토축 성벽이 적어도 이 무렵 이후에 축조되었음을 말해주는 것인데, 지금까지 확인된 내용으로 보면 현재 잔존하고 있는 토축 성벽은 신라 하대 또는 나말여초기에 축조된 것으로 보인다.

잘 아는 것처럼, 나말여초기 천안지역은 後百濟와 後高句麗 또는 高麗가 접경하던 곳이므로 당시 그러한 대치 상황에서 위례산성의 토축성이 축조되었음은 짐작하기는 어렵지 않다. 천안 지역에 남아 있는 王建

【사진 24】 위례산성 출토 통일신라 토기

【사진 25】 위례산성 출토 통일신라 기와

과 관련된 지명이나 여러 가지 傳承內容은 당시의 사정을 전하고 있다할 것이다[32].

4) 高麗時代 以後의 慰禮山城

위례산성 내에서는 고려시대의 磁器片이나 기와류(사진 16) 등이 확인되며, 조선시대의 자기류 및 기와도(사진 17) 수습된다. 이는 고려 이후에도 여전히 이곳이 관방으로 활용되었음을 말해주는 것이다.

현존하는 위례산성의 성벽은 대부분 토축으로 되어 있으나 부분적으로 석축이 더해진 곳도 있다. 그 가운데 석축 성벽은 토축보다 그 시점이 늦은 것으로서 현재까지 확인된 고고학자료로 보면 나말여초기 또는 고려시대에 들어 부분적으로 수즙될 무렵의 소산으로 판단된다(사진 26 · 27 참조).

---

32) 본서 Ⅵ장 참조.

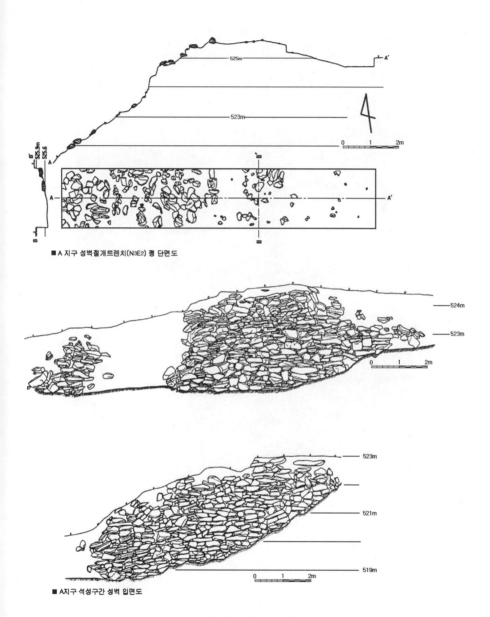

■ A 지구 성벽절개트렌치(N3E2) 평 단면도

■ A지구 석성구간 성벽 입면도

【도면 12】 위례산성 성벽 절개트랜치 및 성벽 입면도

【사진 26】 위례산성 석축성벽

【사진 27】 위례산성 석축성벽 단면

앞의 Ⅲ장에서 이미 보았듯이 위례산성 주변에는 편평한 할석을 모아 놓은 적석유구가 다수 확인된 바 있는데, 이러한 적석유구는 위례산성 또는 주변의 보루와 같은 관방시설을 축조하기 위해 석재를 수집하는 과정과 밀접한 관련이 있을 것으로 판단된다.

【박순발】

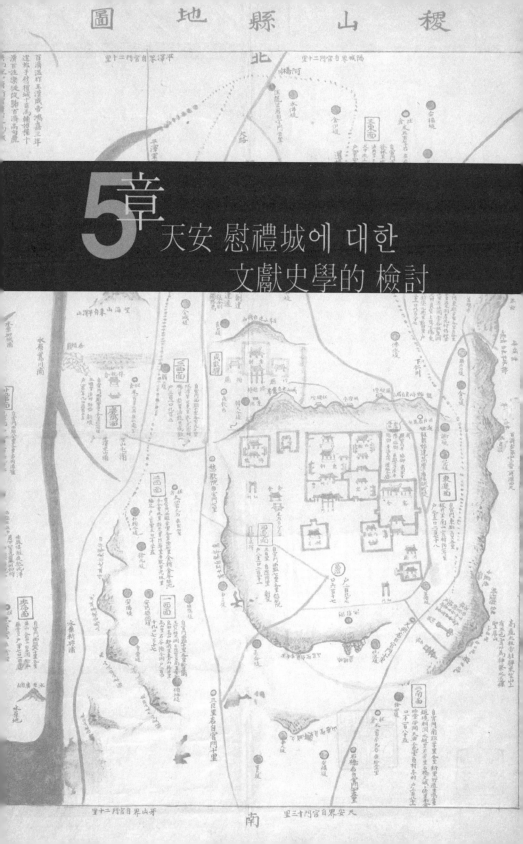

5章

天安 慰禮城에 대한
文獻史學的 檢討

5章
天安 慰禮城에 대한 文獻史學的 檢討

1. 백제시대 천안지역의 역사지리적 위치

　　백제는 대외관계의 변화 속에서 여러번에 걸쳐 王都를 옮겼으며, 그 과정에서 국경선의 변화를 수반하고 있다. 따라서 백제시대 지방의 통치 체제를 다룰 때에는 반드시 이러한 역사적 변화를 고려하여야 하며, 천안지역의 경우에 있어서도 마찬가지이다.

　　백제시대 천안지역의 행정구역에 대한 기록은 『三國史記』 지리지를 통해 비로소 확인되는데, 관련기록을 보면 다음과 같다.

A-1. 白城郡 本高句麗奈兮忽 景德王改名 今安城郡 領縣二 赤城縣 本高句麗沙伏忽 景德王改名 今陽城縣 蛇山縣 本高句麗縣 景德王因之 今稷山縣(『三國史記』 권35, 잡지4(지리2) 漢州條)

2. 大麓郡 本百濟大木岳郡 景德王改名 今木州 領縣二 馴雉縣 本百濟甘買縣 景德王改名 今豐歲縣 金池縣 本百濟仇知縣 景德王改名 今全義

縣(『三國史記』 권35, 잡지5(지리3) 熊州條)

사료 A에서 보듯이 『三國史記』 지리지에 의하면 현재의 천안지역
은 삼국시대 말기 신라가 이들 지역을 장악하기 이전 언제인가 고구려
와 백제의 영역으로 나뉘어져 있었음을 알 수 있다. 직산지역은 고구려
의 사산현이었고, 목천일대는 백제의 대목악군이었다고 기록하고 있기
때문이다. 즉, 고구려 奈兮忽의 領縣이었던 사산현은 직산일대였고, 백제
대목악군은 목천면 일대, 그리고 領縣인 감매현은 풍세지역이었으므로
당시 천안지역은 고구려와 백제가 각각 일부씩을 점유하고 있었음을 알
수 있다. 다만 그 시기가 언제였는가는 분명하지 않다.

그런데 이들 지역이 신라에 의해 동시에 점유된 것은 아니었다. 7세
기 전반기에 이들 지역을 두고 백제와 신라가 치열한 전쟁을 벌인 사실
을 찾아볼 수 있기 때문이다. 따라서 고구려의 영유이었던 사산현 일대
는 신라에 의해 다시 점유되었는데, 그 시기는 분명하지 않지만 551년
성왕과 진흥왕의 연합작전에 의한 한강 하류지역 6郡의 장악과 553년
백제가 점유했던 한강하류 지역에 대한 진흥왕의 재점유와 관련이 있을
것으로 추정된다. 이와 같이 천안일대는 백제영역으로 오랫동안 존속되
다가 고구려·신라의 영향력이 미치게 되었으며, 결국 신라가 영유하였
던 지역이다. 따라서 삼국시대 천안지역의 역사적 위치를 파악하기 위해
서는 시기별 검토가 필요하다.

먼저, 천안지역이 언제 백제의 영역으로 편제되었는가를 검토해 보
기로 한다. 천안지역의 백제 영역화와 관련해서는 다음의 기록이 주목된
다.

B-1. 夏四月 二城降 移其民於漢山之北 馬韓遂滅 秋七月 築大豆山城(『三國
史記』 권23 백제본기1 온조왕 27년조)
2. 秋七月 築湯井城 分大豆城民戶 居之 八月 修葺圓山錦峴二城 築古沙

夫里城『三國史記』 권23 백제본기1 온조왕 36년조)

사료 B-1을 보면, 온조왕이 마한을 멸하고 대두산성을 축조하고 있다. 여기서 대두산성은 馬韓故地를 지배하기 위해 축조한 治所로서의 성격을 지닌 성으로 보인다. 그런데 이와 관련하여 사료 B-2의 온조왕 36년 기록이 주목되는데, 탕정성을 쌓고 대두성의 民戶를 나누어 거주하게 하고 있기 때문이다. 이는 앞의 대두산성과 관련하여 면밀한 검토가 요구된다. 앞에는 대두산성으로 기록하고 있으며, 바로 이어 대두성이 보이고 있기 때문이다. 백제 지방통치의 중심이 城이었음은 주지의 사실이다. 그리고 治所의 중심은 산성 내지는 평지성이었을 것이다. 현재 백제 지방통치의 거점성으로서 평지성이 조사된 예는 거의 없다. 따라서 현재로서는 당시의 治所가 대부분 산성이었을 것으로 추정할 수밖에 없다. 그렇다고 한다면 대두산성과 대두성은 그 의미하는 바가 다를 가능성이 있다. 즉, 대두산성은 중심 治所로서의 산성이고, 대두성은 일정한 영역을 가진 지방통치조직으로서의 성이었던 것으로 볼 수 있는 것이다. 그 이유는 36년 탕정성을 쌓고 대두성의 民戶를 나누어 거주하게 하는데, 여기서 民戶는 治所인 산성 안에 거주하는 사람이 아니라 행정구역으로서의 대두성 안에 거주하는 사람들을 지칭하는 것으로 볼 수 있기 때문이다. 그리고 여기서 탕정성은 온양에 비정되고 있다.

백제가 마한을 멸하고 대두산성을 쌓아 그 지역을 통치하였는데, 다시 탕정성을 쌓고 대두성의 民戶를 나누어 거주하게 한 사실로 볼 때 탕정성은 대두성과 인접한 거리에 있었음을 알 수 있다. 이때 目支國의 중심지가 직산였다는 견해가 참고된다.[33] 즉, 이들 두 지역은 바로 인접하

---

33) 李丙燾, 1987, 「目支國의 位置와 그 地理」, 『韓國古代史硏究』, 242~248쪽.
   盧重國, 1990, 「目支國에 대한 一考察」, 『百濟論叢』2, 68쪽.
   최근 마한시대의 묘제로 주목되는 것이 周溝墓 유적인데, 중서부지방의 여러 주구묘가운데 천안 청당동유적에서만 중국제 물품이 보이고 있으며, 이는 인근의 여러 「國」에 대한 청당동 세력의 우월성을 입증한다고 한다. 청당동유적은 인근의 신사

고 있으므로 백제가 마한을 멸하고 그 治所로서 대두산성을 축조하여 그 일대를 지방행정구역인 대두성으로 편제하여 통치하고, 이어 바로 인근인 온양지역에 탕정성을 쌓은 후 대두성의 民戸를 나누어 거주하게 하였던 것으로 볼 수 있는 것이다. 이는 천안과 아산지역이 동일한 문화권역에 있는 사실34)과 관련시켜 보더라도 두 지역의 밀접한 관계를 이해할 수 있다. 다만 『三國史記』의 초기 기록과 고고학적인 편년에 있어서 상당한 시기적인 차이가 있기 때문에 『三國史記』 초기 기록의 내용대로 천안지역의 백제 영역화를 온조왕대의 사실로 인정하는 데는 일정한 한계가 있다. 따라서 온조왕대의 기록을 후대의 사실이 소급된 것으로 이해하는 견해들이 있다. 또한 고고학적인 측면에서 볼 때 마한의 문화로 비정되고 있는 유적·유물이 천안지역 곳곳에서 조사되고 있기 때문에 이들 지역의 백제영역화 문제는 문헌자료와 함께 이들 유적·유물과의 비교 검토를 통해 구명될 수 있을 것이다. 다만 현재로서는 천안지역의 백제영역화 시기를 단정지어 말하기에는 아직 어려움이 있다.35) 그렇지만 문헌자료를 근거로 할 경우 이들 지역이 상당히 이른 시기에 백제의 영역화가 이루어지지 않았을까 추정된다.

그러면 언제 천안지역의 일부가 고구려의 점유하에 놓이게 되었는지 검토해 보기로 한다. 백제는 475년 한성 함락과 개로왕의 죽음으로 인해 부득이 웅진으로 천도하지 않을 수 없었다. 그 결과 한성은 고구려의 세력권에 놓이게 되었으며, 백제는 국력이 회복되는 동성왕대부터 한

리, 화성리유적과 함께 하나의 「國」을 구성하였을 것인데, 이 「國」은 目(月)支國일 가능성이 높다는 견해도 있어 참고된다(權五榮, 1996, 「三韓의 「國」에 대한 硏究」, 서울대박사학위논문, 202쪽).

34) 최근 활발하게 조사되고 있는 유적현황을 통해 볼 때 두 지역은 문화적으로 매우 밀접한 관계에 있었음을 확인할 수 있다. 즉, 청동기시대 전기유적인 세장방형주거지가 이들 지역에 널리 분포하고 있으며, 마한시대, 또는 초기 백제시대의 주거유적인 4주식의 방형주거지가 천안·아산일대에 널리 분포하고 있다.

35) 백제의 마한 병합시기에 대한 여러 견해에 대해서는 林永珍의 『백제의 곰말 몽촌토성』(송파문화원, 2001) 136~137쪽에 잘 정리되어 있어 참고된다.

강유역을 되찾기 위한 노력을 지속적으로 전개하였다.

다음은 동성왕대부터 무령왕대에 걸쳐 나타나는 漢城관련 기록이다.

C-1. 秋九月 靺鞨襲破漢山城 虜三百餘戶以歸(『삼국사기』 권25, 백제본기4
동성왕 4년조)

　2. 春 王以獵出至漢山城(동성왕 5년조)

　3. 夏 大旱 民饑相食 盜賊多起 臣僚請發倉賑救 王不請 漢山人亡入高句
麗者二千(동성왕 21년조)

　4. 冬十月 高句麗將高老與靺鞨謀欲攻漢城 進屯於橫岳下 王出師戰退之(무
령왕 7년조)

　5. 春二月 王行漢城 命佐平因友 達率沙烏等 徵漢北州郡民年十五歲已上
築雙峴城 三月 至自漢城 夏五月 王薨 謚號武寧(무령왕 23년조)

그런데 이들 기록과 함께 무령왕 즉위년조의 「冬十一月 遣達率優永
帥兵五千 襲高句麗水谷城」의 기록이 주목된다. 여기서 수곡성은 근초고
왕 30년(375)조에도 보이고 있는데,36) 수곡성은 황해도 신계에 비정되고
있기 때문이다. 근초고왕대 이 지역까지 진출했음은 근구수왕 즉위년
조37)에도 상세하게 보이고 있기 때문에 사실로 받아들일 수 있다. 다만
무령왕대 수곡성에 대한 공략기사는 사실로 받아들이기 어려운 부분이
있다. 왜냐하면 수곡성은 지리적으로 평양으로 진출할 수 있는 중요한
길목 가운데 하나이기 때문에 당시 고구려가 한강유역을 장악하고 있는
상황에서 이 지역까지 진출한다는 것은 매우 어려운 상황이었기 때문이
다.38)

---

36) 『三國史記』 권24, 백제본기2 근초고왕 30년조,

37) 『三國史記』 권24 백제본기2 근수수왕 즉위년조,

38) 백제군의 수곡성에 대한 기습이나 고구려군의 한성에 대한 공격 등에 대한 기록은
백제본기뿐만 아니라 고구려본기에도 보이고 있는데, 참고로 검토해 보면 다음과
같다.

1. 「冬十一月 百濟遣達率優永 率兵五千來侵水谷城」(『三國史記』 권19 고구려본기7,

물론 무령왕대 백제가 고구려와 전투를 벌인 지점으로 고목성(연천에 비정), 횡악(북한산에 비정) 등이라는 점을 주목하여 이때 와서 백제가 이전에 상실한 한강유역의 일부를 회복하였을 것으로 보는 견해[39]도 있지만 이를 지명의 이동에 의한 것으로 보아 그 실체를 부정하거나[40] 또는 실지회복의 염원에서 사비시대의 백제왕실이 한성시대의 지명을 의도적으로 서술한 데서 생성된 것으로 보는 견해[41]도 있다.

그렇지만 무령왕대 수곡성에 대한 공략기사의 사실성에 의문을 가진다고 한다면 한성과 관련된 기록도 재검토할 필요가 있다. 즉, 실제의 사실을 기록한 것이 아니던가, 아니면 그 위치가 한강유역이 아닌 다른 지역일 가능성을 생각해 볼 수 있기 때문이다. 그러면 漢城으로 인식될 만한 지역은 어디일까? 원래 한성은 그 명칭으로 불리기 전에 위례성으로 불렸으며, 『日本書紀』에서는 475년까지 위례성으로 기록하고 있다. 그렇다면 혹시 직산의 위례산성이 위치하고 있는 일대를 漢城 내지는 漢山으로 지칭한 것은 아닐까?

이와 관련하여 무령왕 12년 고구려군이 가불성을 빼앗은 다음 다시 圓山城[42]을 공파하였다는 기록이 주목된다. 왜냐하면, 여기에 보이는 원산성은 온조왕 26년의 기록에도 나타나고 있기 때문이다. 즉 온조왕 26년에 마한의 國邑을 병합하였는데, 오직 원산·금현의 2城만이 항복하지 않다가 27년에 와서야 항복하고 있으며, 그 民戶를 한산의 북쪽에 徙民

<hr />

문자명왕 12년조)
2. 「王遣將高老與鞨鞨 謀欲攻百濟漢城 進屯於橫岳下 百濟出師逆戰乃退」(위의 책, 문자명왕 16년조)

39) 梁起錫, 1995, 「웅진천도와 중흥」, 『한국사』6, 78쪽.
40) 今西龍, 1934, 『百濟史硏究』, 126쪽.
41) 李道學, 1984, 「漢城末 熊津時代 百濟王系의 檢討」, 『韓國史硏究』45, 25쪽.
42) 『三國史記』 권26, 백제본기4 무령왕 12년조, 「秋九月 高句麗襲取加弗城 移兵破圓山城 殺掠甚衆 王帥勇騎三千 戰於葦川之北…」. 이와 관련하여 고구려본기 문자명왕 21년조에는 7월에 가불·원산 2성을 함락시키고, 남녀 1천여인을 포로로 잡아갔다고 기록하고 있다.

함으로써 결국 마한이 백제에 병탄되었다고 한다.[43] 여기서의 마한이 目支國이며, 그 중심지가 직산일대라고 한다면, 원산성의 위치도 이 부근에서 구할 수 있을 것이다. 뿐만 아니라 성왕 28년(550) 정월에 왕이 장군 달이를 보내어 군사 1만으로 하여금 고구려의 道薩城을 공취하였다는 기록이 보이는데,[44] 여기서 도살성은 천안지역에 비정되므로 당시 이 일대는 고구려의 점령하에 있었던 것으로 볼 수 있다. 그리고 3월에는 고구려군이 金峴城을 포위하였는데, 이곳은 전의지역으로 비정되기도 한다.[45]

이와 같은 지명비정을 따를 경우 6세기 중반까지 백제와 고구려의 국경선은 대략 천안지역을 중심으로 형성되었던 것으로 볼 수 있는데, 그렇다면 동성왕·무령왕·성왕대 고구려와의 잦은 접전이 천안일대에서 벌어졌을 가능성이 매우 높다. 이러한 역사·지리적 상황을 통해 추정해 볼 때 이 시기에 자주 등장하고 있는 漢城 내지는 漢山이 혹시 위례산성이 위치하고 있는 천안 직산지역과 어떤 관계가 있지 않을까 생각되며, 적어도 천안지역이 고구려와 일정기간 군사적 접경지대를 형성하고 있었던 것은 분명하였던 것으로 판단된다.[46]

이후 백제와 신라는 연합하여 551년에 고구려가 차지하고 있던 한강유역을 공략하여 백제는 한강 하류지역을, 신라는 한강 상류지역을 차지하였다. 그런데 성왕 31년(553) 신라가 백제의 동북쪽을 다시 빼앗아 新州를 설치하였다. 신주가 설치된 지역은 경기도 광주지역에 비정되는

---

43) 『三國史記』 권23, 백제본기1 온조왕 26·27년조.
44) 『三國史記』 권26, 백제본기4 성왕 28년조.
45) 『三國史記』 고구려본기에는 이들 2개의 城을 신라인이 취한 것으로 기록하고 있어 입장의 차이를 반영하고 있다(『三國史記』 권19 고구려본기7, 양원왕 6년조).
46) 『三國史記』의 기록을 통해 고구려의 영역에 가장 남하했을 때의 경계는 아산만–조령–영일만을 연결하는 선이었다는 견해(千寬宇, 1988, 「廣開土王의 征服活動」, 『韓國史市民講座』3, 46쪽)와 연기군과 천안시 사이에 있는 고려산성에까지 미쳤다고 보는 견해도 있다(鄭永鎬, 1985, 「高麗山城考」, 『千寬宇先生還曆紀念韓國史學論叢』).

데 이로써 백제는 다시 신라와 동북방향에서 국경선을 마주하게 되었다.

백제가 한강 하류지역을 신라에게 빼앗긴 이후 직산지역은 백제와 신라의 국경지대가 되었던 것으로 보인다.[47] 당시의 상황은『三國史記』열전 素那傳을 통해 확인할 수 있다. 내용을 보면,「素那는 白城郡(지금의 안성일대) 蛇山(직산) 사람이다. 그 부친은 沈那인데 힘이 남보다 세고 몸이 가볍고 또 재빨랐다. 사산의 경계는 백제와 교착하였기 때문에 서로 침략하고 공격함이 없는 달이 없었다. 沈那는 출전할 때마다 향하는 곳에 굳센 적진이 없었다. 仁平 연간(仁平은 선덕여왕의 연호로 634~647년)에 백성군에서 군사를 출동하여 백제의 邊邑을 공격하니 백제에서도 정병을 내어 급히 치므로 우리편 군사들이 어지럽게 퇴각하였다. 그러나 沈那는 혼자 서서 칼을 빼들고 성난 눈으로 크게 꾸짖으며 수십여 인을 베어 죽이니 적이 두려워 감히 당하지 못하고 드디어 군사를 이끌고 달아났다. 백제인이 沈那를 지목하여 "신라의 나는 장수라"하고, 이어 서로들 말하기를 "沈那가 아직도 살아 있으니 白城에 가까이 하지 말라"고 하였다.」[48]라고 기록하고 있다.

素那는 백제 멸망후 강원도 지역인 阿達城 방어를 담당하였는데, 문무왕 15년(675) 말갈이 침략해오자 용감히 싸우다 전사한 인물이다. 당시 소나는 혼인한 몸이었는데, 그 아내는 가림성(부여 임천면)의 양가집 여자였다고 한다.

이 내용을 통해 볼 때 백제가 멸망하기 이전까지 백제와 신라는 직산일대를 국경으로 하고 있었으며, 이 지역의 세력들은 신라의 편에 서

---

47) 신라가 한강유역을 완전히 장악하기 이전에도 이들 지역에 신라가 진출하였음을 보여주는 기록이 고구려본기에 보이고 있다. 내용을 보면,「春正月 百濟來侵 陷道薩城 三月 攻百濟金峴城 新羅人乘間取二城」(『三國史記』권19 고구려본기7, 양원왕 6년조)라고 하여 백제와 고구려가 서로 싸우는 틈을 타서 신라가 도살성과 금현성을 모두 점령한 것으로 기록하고 있는데, 도살성은 천안지역, 금현성은 전의지역에 비정되기도 한다.

48)『三國史記』권47, 열전7 素那傳.

서 공을 세웠던 것으로 보인다. 다만 소나가 백제 가림성의 여자와 혼인한 것으로 보아 비록 신라의 영유가 되었을지라도 백제와 지속적으로 교류가 있었던 것으로 파악된다.

6세기 중엽에 천안지역에 신라의 영향력이 미쳤다는 점은 고고학적인 현상을 통해서도 확인되는데, 최근 조사된 천안 불당동 택지개발지구(제2지역)에서 신라계의 횡구식석실분과 유물이 출토되었다.49) 즉, 이 석실분에서는 有蓋高杯가 출토되었는데, 무문이며, 1호 석실분에서 출토된 유개고배는 연질소성이다. 이들 유적과 유물은 통일신라 이전에 형성된 것으로 보이며, 그 시기는 6세기 중반 이후 신라의 천안지역 진출과 밀접한 관련이 있을 것으로 추정된다.

특히 직산지역은 경기도에서 남쪽으로 내려오는 길목에 해당하므로 백제로서는 북방지역의 방어를 위해 이곳에 대한 방비가 매우 중요하였으며, 백제가 한강유역을 상실한 이후에는 다시 그 지역을 회복하기 위해 직산지역에 대한 점유가 필수적이었다. 그러나 이미 7세기 전반에 이지역이 신라의 수중에 들어갔으며, 직산지역을 거점으로 신라는 백제의 변방지역을 공략하고 있다. 이러한 사실은 직산이 신라에 의해 점유되었지만 그 이남의 지역은 아직 백제의 권역에 포함되어 있었음을 의미한다. 직산에서 남하하기 위해서는 성거산을 지나야 하므로 성거산은 당시 신라의 남하를 저지하기 위한 최후의 보루로서 기능하였던 것으로 생각된다. 따라서 성거산에 축조된 성거산성과 위례산성은 당시 신라의 남하를 막는데 중요한 역할을 한 산성이었음을 알 수 있다.50)

그런데 의자왕 9년(649)조를 보면, 의자왕이 좌장 은상으로 하여금 석토성 등 7성을 공략하자 신라에서는 김유신을 보내 대응하였으나 불

---

49) 충남발전연구원, 「천안 불당지구 택지개발사업지구내 2차 문화유적 발굴조사 현장 설명회 자료」, 2002, 12, 14.
50) 위례산성의 위치가 차령산맥에서 목천·진천·보은으로 통하는 요로에 위치하고 있다는 점도 삼국시대 말기 이 지역의 중요성을 말해준다.

리하여 병사를 거두어 도살성 아래에서 진을 치고 있는 내용이 보인다.51) 도살성은 천안에 비정되므로 이 기록을 통해 본다면 천안지역은 7세기 중반을 전후하여 신라의 영유가 되었던 것으로 파악된다.

이와 같이 천안지역은 백제가 영역화하기 이전에는 馬韓 54國 가운데 맹주국이었던 목지국이 위치하였던 것으로 비정되고 있는 등 유력한 마한의 한 小國이 존재하였다. 한강유역에서 성장한 백제가 마한소국을 병합해 가는 과정에서 이 지역은 백제의 영역으로 편제되었는데, 그 시기는 분명하지 못하다. 다만 온조왕 26·27년의 마한병합 관련 기록으로 보아 이들 지역은 상당히 이른 시기에 백제의 영역화가 이루어졌던 것으로 추정할 수 있다. 백제는 475년 고구려의 남진으로 한강유역을 상실하고, 웅진으로 천도하게 되는데, 이후 6세기 중반 성왕대에 와서 천안지역에서 고구려와의 접전 기록이 보이고 있다. 따라서 6세기 중반경에 이들 지역은 백제와 고구려의 군사적 접경지대가 되었음을 알 수 있다. 그 후 553년 신라가 한강유역을 모두 차지하게 되면서 백제는 북쪽 국경선을 신라와 접하게 되었다. 7세기 전반기에는 천안 지역에서 백제와 신라가 전쟁을 벌이고 있는데, 이러한 점으로 보아 다시 백제와 신라의 국경지대가 되었던 것으로 보이며, 결국 7세기 중반을 전후하여 신라의 영유가 되었던 것으로 파악된다.

천안지역은 삼국시대 말기 백제-고구려-신라의 力關係 속에서 많은 변화를 겪지만 이에 대해 후대 史書에서는 간단하게 기록하고 있을 뿐이다. 먼저, 『新增東國輿地勝覽』에 기록된 직산에 대한 내용을 보면 다음과 같다.

「本慰禮城百濟溫祚王自卒本扶餘南奔開國 建都于此 後高句麗取之 爲蛇山

---

51) 『三國史記』권 28, 백제본기6 의자왕 9년조, 「秋八月 王遣左將殷相帥精兵七千 攻取新羅石吐等七城 新羅將庾信陳春天存竹旨等逆擊之不利 收散卒 屯於道薩城下 再戰我軍敗北」

縣 新羅因之爲白城郡領縣 高麗初 改今名 顯宗九年 屬天安府 後置監務本朝」[52]

라고 하여 백제의 도읍지가 위례성이고, 후에 고구려가 이곳을 빼앗아 사산현으로 하였다고 한다. 신라가 차지한 후에는 백성군이라 하였으며, 고려때 와서 직산으로 칭하게 되었음을 알 수 있다. 『高麗史』지리지 직산현조나 『輿地圖書』 직산현 건치연혁조에서도 동일한 내용을 찾아볼 수 있다. 따라서 직산의 명칭이 생긴 것은 고려 초라는 사실을 알 수 있다.

직산지역은 북쪽에서 남하하여 경기도를 지나서 만나는 호서지방의 첫 고을이기 때문에 교통의 결절지에 해당하는데, 직산의 관아 문에 「湖西界首衙門」이란 편액이 붙여지게 된 것으로 보아도 이를 알 수 있다. 이곳은 동쪽과 동남방으로 높은 산맥이 뻗어 충북의 진천과 경계를 이루며, 거기서 다시 서남향한 산맥은 천안방향으로 이어져 내려오는데, 이를 성거산맥이라고 한다. 이 산맥은 성거산을 기점으로 다시 천안과 목천을 가르며 南走한다. 그로 인해 현 천안지역은 성거산을 중심으로 직산, 천안, 목천지역이 삼분된 양상을 보이고 있다. 그리고 북서쪽으로는 평야와 낮은 구릉지대로 이어져 서해에 이른다.

이 일대는 한성에서 馬行으로 1일거리이며, 목천·진천·괴산 등에서 문경 조령을 경유하여 낙동강 상류 영남으로 통하는 교통의 요지이자 군사적 요충지이다. 그 배후에는 안성천 하류 지역인 평택, 성환, 안성의 평야지대가 펼쳐져 있다. 그리고 성거산 위례산성은 직산에서 목천으로 통하는 길목에 위치하고 있다. 이러한 지리적 특성으로 인해 위례산성은 삼국시대 백제가 고구려, 신라와 接境하고 있는 상황에서 매우 중요한 위치를 점하고 있었던 것으로 파악된다.

---

52) 『新增東國輿地勝覽』 稷山縣 建置沿革條.

2. 백제 初都地 관련 사료의 검토

백제의 初都地는 하남위례성으로 전해져 오고 있다. 이에 대한 기록은 『三國史記』 및 『三國遺事』 등에 보이고 있다. 따라서 먼저, 위례성 관련 기록에 대한 검토를 통해 백제 初都로서의 위례성의 성격과 위치문제를 검토해 보기로 하겠다.

D-1. 遂至漢山 登負兒嶽 望可居之地 沸流欲居於海濱 十臣諫曰 惟此河南之地 北帶漢水 東據高岳 南望沃澤 西阻大海 其天險地利 難得之勢 作都於斯 不亦宜乎 沸流不聽 分其民 歸弥鄒忽以居之 溫祚都河南慰禮城(『三國史記』 권23, 백제본기1 온조왕 즉위년조)

2. 靺鞨賊三千來圍慰禮城 王閉城門不出 經旬 賊糧盡而歸 王簡銳卒追及大斧峴 一戰克之 殺虜五百餘人(『三國史記』 권23, 백제본기1 온조왕 8년조)

3. 國家東有樂浪 北有靺鞨 侵軼疆境 少有寧日 況今妖祥屢見 國母棄養 勢不自安 必將遷國 予昨出巡 觀漢水之南 土壤膏腴 宜都於彼 以圖久安之計 秋七月 就漢山下立柵 移慰禮城民戶 八月 遣使馬韓告遷都 遂畫定疆場 北至浿河 南限熊川 西窮大海 東極走壤 九月 立城闕 十四年 春正月 遷都(『三國史記』 권23, 백제본기1 온조왕 13·14년조)

4. 按古典記 東明王第三子溫祚 以前漢鴻嘉三年癸卯 自卒本扶餘至慰禮城 立都稱王 歷三百八十九年 至十三世近肖古王 取高句麗南平壤 都漢城 歷一百五年 至二十二世文周王移都熊川 歷六十三年 至二十六世 聖王 移都所夫里 國號南扶餘 至三十一世 義慈王 歷年一百二十二 至唐顯慶五年 是義慈王在位二十年 新羅庾信與唐蘇定方討平之(『三國史記』 권37, 잡지6 지리4 백제조)

위의 기록은 백제 온조왕대 위례성에 도읍한 사실을 보여주는 기록들이다. 사료 D-1을 보면, 한산에 이르러 부아악에 올라가 도읍지를 물색하였는데, 온조는 한수의 남쪽, 즉 하남위례성에 도읍을 정하였으며, 미추홀에 도읍을 정한 비류의 세력이 결국 온조에 합류한 사실을 기록하고 있다. 이때 도읍의 형세는 「북으로는 漢水를 띠고, 동으로는 高岳을 의지하였으며, 남으로는 沃澤을 바라보고, 서로는 大海로 막혀있다」고 하였다. 그런데 사료 D-3을 보면, 처음 정한 도읍은 동으로 樂浪이 있고, 북에는 靺鞨이 있어 영토를 침범하여 편안한 날이 없어 도읍을 옮길 것을 결정하고 있다. 이에 7월에 한산의 아래에 柵을 세우고 위례성의 民戶를 옮기었으며, 9월에 궁궐을 세운 후 이듬해 정월에 천도하였다고 한다. 천도과정에서 마한에 사신을 보내 천도를 알리고 강역을 획정하였는데, 북은 浿河, 남은 熊川, 서는 大海, 동은 走壤에 이르고 있다. 여기서 패하는 예성강, 주양은 춘천, 대해는 서해에 비정되는데, 이에 대해서는 대부분 의견을 같이하고 있다. 다만 웅천에 대해서는 안성천 또는 금강에 비정하는 견해 등이 있다. 그렇지만 이 기록이 온조왕대의 사실을 기록한 것이 아니라 후대의 사실을 기록한 것으로 보는 견해[53]도 있어 현재로서는 그 사실성을 분명하게 단정할 수 없다. 다만 이들 내용을 통해 볼 때 백제 초기의 영역은 한강을 중심으로 하고 있었다는 사실을 알 수 있다.

『三國史記』의 기록을 보면, 백제는 처음 도읍을 하남위례성에 둔 것으로 기록하고 있으며, 하남위례성에 대한 용례는 한번 보이고 있을 뿐이다. 그 외는 단지 위례성으로 기록하고 있기 때문에 그 실체를 이해하는데 어려움이 있다. 다행히 사료 D-2의 「말갈의 적 3천명이 와 위례성을 포위하였으나 왕은 성문을 닫고 나가 싸우지 않다가 열흘이 지나 적의 식량이 떨어져 돌아갔다.…」는 내용을 통해 위례성이 王城이었음은 분명한 것으로 확인된다.

---

53) 李丙燾는 이를 비류왕대의 사실로 보았으며(李丙燾, 1959,『韓國史』(고대편), 을유문화사, 353~356쪽), 金起燮은 온조왕 13년의 영역확정기사를 근초고왕대의 기록으로 보는 관점(金起燮, 1994,「百濟 近肖古王代의 北境」,『軍史』29, 42쪽)에서 온조왕 13년조의 기록 자체를 근초고왕 26년의 '移都漢山'과 같은 사실에 대한 중복기록으로 이해하고 있기도 하다(金起燮, 1995,「百濟 前期의 漢城에 대한 再檢討」,『鄕土서울』55, 29쪽). 그리고 이때 移都한 곳은 개로왕대의 南城에 비정하고 있다.

위례성의 명칭에 대한 語義는 여러 가지로 해석되고 있다. 먼저, 위례성이라는 것은 우리 말의 큰 울타리(匡郭)을 사방으로 두른 것을 '圍哩'라고 하는데, 慰禮와 圍哩는 음이 서로 같다. 柵木을 세우고 흙을 쌓아 울타리를 만들었으므로 慰禮라고 하였다고 하여[54] 우리말의 '우리'를 그대로 음이 비슷한 한자의 '慰禮'로 표기한 것으로 이해하는 것이다. 또한 『三國史記』백제본기 개로왕 21년조에 보이는 '郁里河'와 廣開土王碑에 보이는 '阿利水'를 '慰禮'와 같이 한강을 의미하는 것으로 보는 견해[55]를 비롯해 백제왕에 대한 호칭인 '於羅瑕'에서 비롯된 '王城'의 뜻으로 간주하기도 하는데,[56] 於羅瑕가 大首長의 뜻이 된다는 점에 주목하여 어라=욱리=아리와 연결되는 '慰禮' 또한 '大'의 의미로 간주할 수 있어 위례성은 '大城'의 의미를 지닌 것으로 해석하기도 한다.[57]

그런데 위례성의 用例와 관련하여 우선적으로 몇 가지 검토해야 할 사항이 있다. 먼저, 백제의 초도지와 관련하여 일반적으로 사용되는 하북위례성이란 용례는 『三國史記』의 기록에는 보이지 않는다는 점이다. 이는 漢水 이남의 위례성 즉, 온조왕 13·14년에 천도한 하남위례성과 구분하기 위해 후대에 쓰여진 용례일 뿐이다. 다음은 온조왕 즉위년조에 기록된 하남위례성이라는 용례는 13·14년조의 漢水의 남쪽으로 遷都한 내용과 서로 맞지 않는다. 따라서 온조왕 즉위년조의 하남위례성은 온조왕 13년의 기사가 소급되어 기록된 것으로 보기도 한다.[58] 이와는 달리

---

54) 丁若鏞, 「慰禮考」, 『彊域考』三, 與猶堂全書 제6집.
55) 申采浩, 『朝鮮史研究草』(乙酉文庫, 1974), 22~25쪽.
　　崔夢龍·權五榮, 1985, 「考古學的 資料를 통해 본 百濟初期의 領域考察」, 『千寬宇先生還曆紀念 韓國史學論叢』, 88쪽.
56) 李炳銑, 1982, 『한국 고대 국명·지명연구』, 199쪽.
57) 李道學, 1995, 『백제 고대국가 연구』, 260~316쪽.
58) 丁若鏞, 「慰禮考」, 『彊域考』三, 與猶堂全書 제6집.
　　金侖雨는 백제 建國史話에서 '마침내 한산에 이르렀다'까지가 온조왕 즉위년조의 기사이고, '부아악에 올라가 그들이 살만한 곳을 살펴보았다'고 한 말부터가 온조왕 13년조의 기사내용이라고 하여 백제 건국신화의 내용은 온조왕 즉위년조와 13

하북위례성을 古爾系의 왕성으로 보고, 하남위례성을 溫祚－肖古系, 곧 伯濟國의 건국지이자 왕도였던 것으로 이해하는 견해도 있다.[59] 이는 고이계와 초고계를 같은 시대에 활동한 각기 다른 세력으로 해석하는 데서 나온 견해이다.

이 외에도 온조가 漢水 이북에 처음 도읍을 정하였지만 그 기간이 13년에 불과하여 도읍으로서의 그 존재가 百濟史上에 극히 미미하였으므로 후세의 일반적 인식상에는 온조의 도읍은 곧 하남의 위례성으로 정착된 데서 연유하여 마침내 즉위년도 기록에까지 그 初都地가 하남위례성으로 와전된 것이 아닐까 추정하기도 한다.[60]

실제 온조왕 즉위년조에서는 하남위례성으로 기록하고 있으나 온조왕 13년조에서는 하남위례성이 아니라 漢水의 남으로만 표현하고 있어 用例에 있어서 일정한 차이가 있다. 따라서 비록 내용상으로는 같을지라도 표현상에서 차이가 있다는 점은 이들 도읍지의 위치가 동일지역이 아니었기 때문에 나타난 표기상의 차이에서 비롯된 것으로 이해할 수 있을 것이다.

또한 初都地로서의 위례성 위치와 관련하여 온조왕 13·14년에 도읍을 옮긴 원인이 주목된다. 즉, 동으로부터 樂浪의 침입, 북으로부터 靺鞨의 침입으로 인해 편안한 날이 없었기 때문이었다는 것이다. 그렇다면 온조왕 13·14년에 옮긴 도읍의 위치는 이들의 침략을 저지할 수 있는 지리적 위치였으며, 이전의 도읍은 낙랑·말갈과 지리적으로 근접한 곳에서 구할 수 있을 것이기 때문이다.

그런데 『三國史記』 지리조에서는 하남위례성을 '미상지명'에서 다루고 있다. 이는 하남위례성의 명칭이 비록 『三國史記』에 처음 보이고는

년조의 사실이 혼합된 것으로 보았다(金侖雨, 1993, 「河北慰禮城과 河南慰禮城考」, 『史學志』26, 71~73쪽).

59) 金起燮, 1995, 「百濟 前期의 漢城에 대한 再檢討」, 『鄕土서울』55, 16쪽.

60) 林淳發, 1996, 「百濟都城의 變遷과 特徵」, 『韓國史의 理解』, 중산정덕기박사화갑기념한국사학논총, 100쪽.

있으나 이미『三國史記』가 쓰여질 당시에는 그 위치가 불분명하게 되었음을 의미한다. 비록『三國遺事』를 비롯한 후대의 사서에 보면 하남위례성의 위치에 대한 설명이 보이고 있으나 실제는 모두『三國史記』에 기록된 하남위례성에 대한 보충설명에 지나지 않는다. 그 이유는『三國遺事』를 비롯한 후대의 역사서들이 쓰여질 당시 하남위례성의 위치에 대한 고증이 어려웠기 때문일 것이다.

이는 결국 하남위례성의 위치 문제는 그 명칭이 처음 기록된『三國史記』를 중심으로 논의되어야 함을 말해주는 것이기도 하다. 왜냐하면『三國遺事』를 비롯한 대부분의 기록들이 하남위례성을 직산에 비정하는 데 있어 실증적인 고증이 뒷받침되고 있지 않기 때문이다.

다음은 하남위례성의 위치를 검토하는데 있어서 주목되는 내용을『三國史記』초기 기록에서 찾아보면 아래와 같다.

E-1. 春正月 王謂君臣曰 靺鞨連我北境 其人勇而多詐 宜繕兵積穀爲拒守之計(『三國史記』권23, 백제본기1 온조왕 2년조)

2. 秋七月 靺鞨侵北境 王帥勁兵 急擊大敗之(온조왕 3년조)

3. 春夏旱 饑疫 秋八月 遣使樂浪修好(온조왕 4년조)

4. 春二月 靺鞨賊三千來圍慰禮城 王閉城門不出 經旬賊糧盡而歸 王簡銳卒 追及大斧峴 一戰克之 殺虜五百餘人(온조왕 8년조)

5. 秋七月 築馬首城 竪瓶山柵 樂浪太守使告曰 頃者 聘問結好 意同一家 今逼我疆 造立城柵 或者其有蠶食之謀乎 若不渝舊好 隳城破柵 則無所猜疑 苟或不然 請一戰以決勝負 王報曰 設險守國 古今常道 豈敢以此有渝於和好 宜若執事之所不疑也 若執事恃强出師 則小國亦有以待之耳 由是 與樂浪失和(온조왕 8년조)

6. 秋九月 王出獵獲神鹿 以送馬韓 冬十月 靺鞨寇北境 王遣兵二百 拒戰於昆彌川上 我軍敗績 依靑木山自保 王親帥精騎一百 出烽峴救之 賊見之 卽退(온조왕 10년조)

7. 夏四月 樂浪使靺鞨襲破瓶山柵 殺掠一百餘人 秋七月 設禿山 拘川兩柵 以塞樂浪之路(온조왕 11년조)

위의 사료 E는 온조왕 14년 하남위례성으로 移都하기 전까지 위례성을 둘러싸고 일어난 당시의 여러 사건들을 기록한 내용이다. 백제는 위례성에 도읍을 정한 뒤 주변지역과 여러 형태의 접촉을 갖게 된다. 즉, 靺鞨 및 樂浪과는 간헐적인 군사적 충돌이 일어나고 있으며, 馬韓과는 교섭관계가 있었음을 보여준다. 이 가운데 말갈·낙랑의 위치와 실체, 그리고 이들 세력과의 충돌내용 및 충돌지점에 대한 검토를 통해 위례성의 위치를 추정할 수 있다.

특히 온조왕 8년조의 내용을 보면, 말갈의 적 3,000명이 와서 위례성을 포위하였는데, 왕이 성문을 닫고 나가서 싸우지 않으니 열흘이 지나서 적병은 양식이 떨어져 돌아가자 왕이 정예병을 뽑아 추격하여 5백여인을 사로잡았다고 한다. 이 내용으로 볼 때 위례성은 왕이 거처하는 王城이었으며, 말갈의 공격을 쉽게 받을 수 있는 지리적 위치에 있었음을 알 수 있다. 여기서 말갈은 東濊를 지칭하고 있으며,[61] 낙랑은 소백산맥 이북지역의 辰韓聯盟體 소속의 小國으로 보는 견해[62]를 비롯해 漢郡縣의 하나인 낙랑으로 보는 견해[63] 등이 있는데, 漢郡縣 가운데 하나인 낙랑으로 보는 것이 타당할 것으로 생각된다.

따라서 이들 기록에 대한 검토를 통해 볼 때 온조왕 13·14년 河南으로의 천도가 한강의 남쪽 어디였다고 한다면, 초기 도읍지는 한강의 북쪽에서 구하는 것이 합리적이다. 다만 그 구체적인 위치는 현재로서는 확인할 수 없으며, 앞으로 고고학적인 성과가 축적된다면 어느 정도의 규명은 가능할 것으로 기대된다.

그런데 온조왕 14년 위례성으로 천도한 이후 위례성에 대한 기록은

---

61) 兪元載, 1979, 「三國史記僞靺鞨考」, 『사학연구』29.
　　그리고 백제와 말갈과의 관계는 文安植의 『백제의 영역확장과 지방통치』(2002, 신서원) 129~190쪽에 상세하게 보이고 있어 참고된다.
62) 姜鍾薰, 1995, 「『三國史記』초기기록에 보이는 '樂浪'의 실체」, 『三韓의 社會와 文化』, 신서원, 137~151쪽.
63) 丁若鏞, 「疆域考二」 樂浪別考, 『與猶堂全書』6집 2권.

몇 차례 더 보이고 있다.

F-1. 樂浪來侵 焚慰禮城(『三國史記』 권23, 백제본기1 온조왕 17년조)
   2. 發漢水東北諸部落人年十五世以上 修營慰禮城(온조왕 41년조)
   3. 王徵發丁夫 葺慰禮城(『三國史記』 권24, 백제본기2 책계왕 즉위년조)
   4. 按古典記 東明王第三子溫祚 以前漢鴻嘉三年癸卯 自卒本扶餘至慰禮城
      立都稱王 歷三百八十九年 至十三世近肖古王 取高句麗南平壤 都漢城
      歷一百五年 至二十二世文周王移都熊川 歷六十三年 至二十六世聖王移
      都所夫里 國號南扶餘 至三十一世義慈王 歷年一百二十二(『三國史記』
      권37, 지리4 백제조)

사료 F-1를 보면, 낙랑이 침입해 와서 위례성을 불살랐다는 내용인
데, 이때는 漢水의 남쪽으로 도읍을 옮긴 이후였다. 따라서 이때 불탄 위
례성은 새로 도읍을 정한 위례성이라기 보다는 초기의 도읍이었던 위례
성으로 보아야 할 것이다. 온조왕 13·14년 漢水 이남으로의 천도가 낙
랑 및 말갈의 침략으로부터 벗어나기 위한 목적에서 이루어졌기 때문이
다. 그리고 사료 F-2의 내용은 漢水 東北쪽에 사는 사람들을 동원해 위
례성을 새롭게 고치고 있는데, 아마도 온조왕 17년 낙랑에 의해 불탔던
것을 수축한 내용을 기록한 것으로 이해된다. 漢水의 東北 부락이 구체
적으로 어디를 지칭하는가는 알 수 없지만 온조왕 37년조의 기록 가운
데 「漢水의 동북 부락에 기근이 들어 고구려로 도망해 가는 자가 일천여
호나 되니 浿水와 帶水 사이가 비어 사는 사람이 없었다」는 내용이 참고
된다.[64] 이 내용에서 浿水는 예성강,[65] 帶水는 임진강에 비정되므로 온조
왕 41년조에 보이는 漢水의 동북 제부락은 한강 이북지역에 위치한 부락
을 가리키는 것으로 볼 수 있을 것이다. 결국 사료 F-1과 2에 보이는 위
례성은 漢水 이북에 위치했던 初都地를 지칭하는 것임을 알 수 있다.

---

64) 『三國史記』 권23, 백제본기1 온조왕 37년조.
65) 孔錫龜, 1991, 「高句麗의 領域擴張에 대한 硏究」, 『韓國上古史學報』6, 248~249쪽.

그런데 사료 F-3의 책계왕 즉위년조에 보이는 위례성도 初都地를 지칭하는 것으로 볼 수 있는가는 의문이 든다. 왜냐하면 책계왕이 즉위하자마자 직접 장정들을 동원하여 위례성을 수리하고 있기 때문이다. 따라서 이때의 위례성은 온조왕 14년 漢水의 이남으로 천도한 王都로서의 위례성으로 보아도 무리가 없을 것이다. 다만 당시 왕도를 지칭하는 것으로 漢山 또는 漢城이라는 용어가 사용되고 있었기 때문에 이들 용례상의 차이를 어떻게 이해할 것인가 하는 문제가 있다. 그렇지만 慰禮라는 용어는 그 후에도 보이고 있다. 즉,『日本書紀』에서는 개로왕대까지도 왕도를 여전히 위례로 칭하고 있다.

「百濟記傳 蓋鹵王 乙卯年 冬 狛大軍來 攻大城七日七夜 王城陷落 遂失 慰禮」[66]

즉, 475년 고구려군의 공격으로 인해 위례지역을 상실하였다고 기록하고 있다. 여기서 위례는 왕도를 지칭하고 있는 것이 분명하다. 따라서 慰禮라는 명칭은 475년 웅진으로 천도하기까지 왕도를 가리키는 용어로 사용되었음을 알 수 있다. 비록『三國史記』에서는 언제부터인가 왕도를 '慰禮' 대신 '漢城'이라고 표현하고 있지만 왕도를 지칭하는 용례는 여러 가지가 있었음을 보여준다.[67]

위례성이 백제 초기의 王城이었음은 여러 기록을 통해 분명한 사실로 확인된다. 그런데 왕도와 관련하여 漢山 또는 漢城의 명칭이 보이고 있다. 비록 王都로서의 한산 또는 한성은 직산위례성 문제와는 직접적으

---

66)『日本書紀』웅략기 20년조.
67) 이와 관련해서『周書』百濟傳의「왕의 성은 夫餘氏로 '於羅瑕'라 부르며, 백성들은 '鞬吉支'라고 부르니 이는 중국말로 모두 왕이라는 뜻이다. 왕의 아내는 '於陸'이라 호칭하니 중국말로 왕비라는 뜻이다.」라는 내용이 주목된다. 즉, 언어의 사용에 있어서 복합성을 보여주고 있는데, 이는 王都를 지칭하는 용례에 있어서도 마찬가지였던 것으로 생각할 수 있기 때문이다.

로 관계가 없지만 백제시대 왕도의 변천과정을 파악하는데 있어서 이들 용어가 사용된 시기와 내용에 대한 이해가 필요하다. 따라서 漢城都邑期 왕도로서의 한산 또는 한성의 성격에 대한 검토가 함께 이루어질 필요가 있다. 온조왕 즉위년조에 위례성과 함께 한산의 명칭이 보이고 있으므로 먼저 한산에 대해 검토해 보기로 하겠다.

『三國史記』에 보이는 한산에 대한 기록은 다음과 같다.

G-1. 遂至漢山 登負兒嶽 望可居之地(『三國史記』 권23, 백제본기1 온조왕 즉위년조)
　　2. 秋七月 就漢山下立柵 移慰禮城民戶(온조왕 13년조)
　　3. 夏四月 二城降 移其民於漢山之北 馬韓遂滅(온조왕 27년조)
　　4. 冬十月 南沃沮仇頗解等二十餘家至斧壤 納款 王納之 安置漢山之西(온조왕 43년조)
　　5. 王獵漢山 獲神鹿(기루왕 27년조)
　　6. 夏四月 王獵漢山(개루왕 4년조)
　　7. 冬 王與太子帥精兵三萬 侵高句麗攻平壤城 麗王斯由力戰拒之 中流矢死 王引軍退 移都漢山(근초고왕 26년조)
　　8. 春二月 創佛寺於漢山 度僧十人(침류왕 2년조)
　　9. 冬十一月 王欲報浿水之役 親帥兵七千人 過漢水 次於靑木嶺下 會大雪 士卒多凍死 廻軍至漢山城 勞軍士(아신왕 4년조).
　10. 秋八月 王將伐高句麗 出師之漢山北柵 其夜大星落營中有聲 王深惡之 乃止(아신왕 7년조)
　11. 春三月 王獵於漢山 秋九月 黑龍見漢江 須臾雲霧晦冥飛去 王薨(비유왕 29년조)

이상의 기록은 『三國史記』 백제본기에 나타난 漢山에 대한 내용이다. 『三國史記』에 왕도로서 慰禮城에 대한 기록은 온조왕대 이후 책계왕 원년에 1회 보이고 있을 뿐이며, 이 경우에도 책계왕이 즉위와 동시에 위례성을 수리하고 있다는 내용이다. 그 외는 왕도와 관련하여 漢山·漢

山城 또는 漢城의 용례가 빈번하게 사용되고 있다. 이 가운데 한산에 대한 기록이 제일 많이 나타나고 있다. 그런데 이들 용례가 사용된 내용을 보면 한산과 직접 관련된 내용보다는 다른 상황을 설명하는 과정에서 등장하거나 직접 관련이 있는 경우에도 전렵의 장소로 나타나고 있으며, 단지 근초고왕 26년의 移都와 침류왕 2년의 사찰의 건립에 대한 내용만이 한산의 성격을 이해하는데 다소나마 도움이 된다. 즉, 사료 G-7·8의 경우에는 일정한 지역명으로 사용된 것으로 보이기 때문이다. 그렇지만 한산이 방위를 말할 때 중요한 기준이 되고 있으며, 왕의 전렵지로 자주 등장하고 있는 점, 그리고 근초고왕대 도읍을 옮겼다는 사실[68]이나 침류왕대 처음 공인된 불교의 사찰을 세우고 있는 사실 등을 통해 볼 때 한산은 지리적으로 매우 중요한 지역이었음은 분명하다. 이와 같이 한산이 사용된 용례를 검토해 볼 때 이것은 왕성을 의미한다기 보다는 왕성이 위치한 지역의 지역명을 나타내는 용어로 보는 것이 타당하다.

다음은 漢城이 사용된 용례를 검토해 보기로 한다.

H-1. 春正月 遷都 二月 王巡撫部落 務勸農事 秋九月 築城漢江西北 分漢城民(『三國史記』 권23, 백제본기1 온조왕 14년조)

2. 二十五年 春二月 王宮井水暴溢 漢城人家馬生牛 一首二身(온조왕 25년조)

---

68) ≪三國遺事≫에서는 근초고왕대 도읍을 옮긴 한산을 「移都北漢山」이라고 하여 북한산으로 기록하고 있으며, 한산은 지금의 광주라고 하였다. 그리고 『世宗實錄地理志』에서는 '楊州都護府 本高句麗南平壤城 一云北漢山 百濟近肖古王取之 二十五年辛未 自南漢城移都之'라고 설명하고 있다. 그런데 漢山을 지금의 남한산을 가리키는 것으로 보는 견해를 비롯해(李丙燾, ≪國譯 三國史記≫, 375쪽 주 4) 북한산성(李道學, 1992, <百濟 漢城時期 의 都城制에 관한 檢討>, ≪韓國上古史學報≫ 9, 32~33쪽), 또는 뚝섬지구(姜仁求, 1993, <百濟 初期都城問題新考>, ≪韓國史硏究≫ 81, 15~18쪽) 등에 비정하기도 한다. 한편 이를 도성제의 정비와 관련시켜 이해하는 견해도 있다(金起燮, 1997, <百濟 漢城時代 統治體制 硏究>, 박사학위논문, 143~145쪽). 이와 같이 근초고왕대 기록에 보이는 漢山의 위치 및 성격에 대해서는 다양한 견해가 제기되고 있는데, 본고는 직접적으로 관련이 없으므로 구체적인 언급은 피하기로 한다.

3. 枕流王之元子 初 生於漢城別宮 神光炤夜 及壯志氣豪邁 好鷹馬(아신
   왕 즉위년조)
4. 腆支在倭聞訃 哭泣請歸 倭王以兵士百人衛送 旣至國界 漢城人解忠來
   告曰(전지왕 즉위년 조)
5. 秋九月 以解忠爲達率 賜漢城租一千石(전지왕 2년조)
6. 二十一年秋九月 麗王巨璉帥兵三萬 來圍王都漢城 王閉城門(개로왕 21
   년조)

　　사료 H를 보면, 漢城에 대한 기록은 온조왕 14년(B.C.5) 및 25년(7)에
보인 뒤 아신왕 즉위년(392), 전지왕 즉위년(405)과 2년, 그리고 개로왕
21년(475)에 나타나고 있다. 용례를 보면, 한성의 백성, 한성 사람, 한성
별궁, 왕도 한성 등 행정명으로서의 한성 내지는 왕도로서의 한성을 나
타내고 있다. 즉, 한성이라는 명칭은 온조왕대부터 행정단위로서의 명칭
으로 사용된 것처럼 기록하고 있다. 그런데 이 경우 한성이라는 명칭은
도읍으로서의 위례성과 중복된다. 즉, 두 用例 모두 都邑 내지는 王都를
지칭하는 것이기 때문이다. 그런데『三國史記』를 보면, 백제초기 도읍을
나타내는 위례성이라는 명칭은 책계왕 원년(286)까지 보이고 있을 뿐이
며, 그 이후에는 사용되고 있지 않다. 대신에 한성이라는 명칭이 사용되
고 있다. 따라서 온조왕조에 나타나는 한성은 후대의 사실이 소급되어
기재된 것으로 보기도 한다.[69] 그렇지만 漢城이라는 용어는 漢山과 함께
온조왕대부터 한성시기 내내 일반적으로 사용되고 있다. 한산은 보다 광
범위한 지역을 지칭하는 용어이며, 위례성과 한성은 한산 내에 위치하고
있는 특정구역의 명칭인 왕도를 의미한다. 한성이 한산 안에 있는 도성
이라는 의미를 지닌다고 한다면, 한성이라는 용어는 온조왕대부터 사용
되었을 가능성도 배제할 수 없다. 다만 시기적으로 초기에는 위례성이라
는 명칭이 주로 사용되다가 아신왕대를 전후하여 한성이라는 명칭으로

---

69) 崔夢龍, 1985,「漢城時代 百濟의 都邑地와 領域」,『震檀學報』60, 217쪽.

일반화된 것으로 볼 수 있을 것이다.70)

　이상과 같이 백제 도성과 관련된 기록은 『三國史記』와 『三國遺事』에 다수 보이고 있으나 그 기록들이 단편적이고 소략하다. 따라서 한성시기 도읍의 위치와 변천과정에 대한 다양한 견해들이 제기되어 왔는데, 이제까지 제기된 견해를 종합하면 다음 표와 같이 정리될 수 있다.71)

연구자	(하북) 위례성	하남 위례성	한성	한산	천도과정	비 고
柳馨遠	직산	광주	한성부		위례성→남한산성(하남위례성?)→북한산성(한성, 한산?)	『동국여지지』「한성부」「광주목」「직산현」
申景濬	직산	남한산성		북한산성	위례성→남한산성(하남위례성?)→한성	『여암전서』「강계고」국도
安鼎福	직산	광주	한양부		위례성→하남위례성→한성	『동사강목』「지리고」백제강역고
丁若鏞	삼각산 한양고읍	광주고읍	한양 고읍		위례성→하남위례성→한성	『여유당전서』「강역고」위례고,한성고
津田左 右吉		남한산성		남한 산성	위례성=한성	「백제위례성고」『조선역사지리』상,1913
今西龍		광주		남한산	하남위례성→한산	「백제국도한산고」『백제사연구』,1934
鮎貝房 之進		풍납리 토성				「백제고도안내기」『조선』234호,1934

---

70) 漢城을 慰禮城에 대한 異稱으로 보거나(金龍國, 1983, 「河南慰禮城考」, 『향토서울』 41, 18쪽 ; 李道學, 1992, 「百濟 漢城時期의 都城制에 대한 檢討」, 『韓國上古史學報』 9, 28~30쪽), 漢城이 본래 군사방어성의 성격이 강한 南城(몽촌토성)을 지칭하던 명칭이었으나 고구려가 한강유역을 점령한 이후 백제 古都 전체를 지칭하는 명칭으로 확장된 것으로 보는 견해도 있다(余昊奎, 2002, 「漢城時期 百濟의 都城制와 防禦體系」, 『百濟研究』36, 13쪽).

71) 백제 한성시기 도읍지의 위치에 대한 諸見解는 金起燮의 「百濟 前期의 漢城에 대한 再檢討」(『향토서울』55, 1995) 9~11쪽의 내용에 수정·보완을 가한 것임을 밝혀 둔다.

연구자	(하북)위례성	하남위례성	한성	한산	천도과정	비고
李丙燾	세검동 계곡일대	춘궁리 일대		남한산	위례성→하남위례성=한성	「위례고」『한국고대사연구』, 1976
金映遂	적성강남 고양부근	광장진의 대안 한 남토성지		광주	위례성→한남성→한산성	「백제국도의 변천에 대하여」『전북대논문집』1,1957.
矢守一彦		풍납리 토성		남한산성		「朝鮮の都城と邑城」『都市プランの研究』
金在鵬	직산			광주	위례성→한성	「百濟舊都稷山考」『朝鮮學報』70,1974
千寬宇	강북서울	남한산 북록		남한산	하북위례성→하남위례성=한성	「삼한의 국가형성(하)」『한국학보』3,1976
鄭永鎬	상계동 일대	몽촌토성			하북위례성→하남위례성	「제5회 마한 백제문화 학술회의」1978, 10, 29.
金廷鶴	북한산성	풍납리 토성		남한산성	한강북쪽→위례성(사성)→한산성	「서울근교의 백제유적」『향토서울』39,1981.
車勇杰	중랑천 유역	몽촌토성과 산성 사이	이성	남한산성	위례성→하남위례성(한성)→한산→한성	「위례성과 한성에 대하여(I)」『향토서울』39, 1981.
井上秀雄		풍납동	?		위례성→한성	「朝鮮の都城」『日本の古代都市』,1982.
金龍國	미아리~우이동일대	춘궁리 일대		남한산	위례성→하남위례성(한성)→한산→하남위례성	「하남위례성고」『향토서울』41,1983.
鄭東和	직산				위례성→(北遷)	「백제위례성연구」경희대석사학위논문
成周鐸	중랑천 부근	몽촌토성	춘궁리	남한산성, 이성산성	하북위례성→하남위례성→한성	「백제성지연구」동국대박사학위논문
崔夢龍 權五榮	중랑천 일대	몽촌토성	춘궁리 일대	이성산성	하북위례성→하남위례성→한산→한성	「고고학적 자료를 통해 본 백제초기의 영역고찰」『천관우선생환력기념 한국사학논총』, 1985.
金起燮	중랑천 일대?	몽촌토성	풍납토성, 몽촌토성	남한산 일대	하북위례성→하남위례성(=한성)	「백제초기 도성에 관한 일고찰」『청계사학』7, 1990.

연구자	(하북) 위례성	하남 위례성	한성	한산	천도과정	비고
李道學	중랑천 일대	몽촌토성	풍납토 성,몽촌 토성	북한 산성	하북위례성→하남 위례성→한산→하 남위례성(=한성)	「백제 한성시기의 도성제 에 대한 검토」『한국상고 사학보』9,1992.
姜仁求		풍납리 토성	몽촌 토성	뚝섬 지구	위례성(=하남위례 성)→한성→한산→ 한성	「백제초기 도성문제 신고」 『한국사연구』81, 1993.
金侖禹	중랑천(면 목동일대)	하 남 시 교산동토 성		북한산 금단산	하북위례성→하남 위례성→한산(북한 산성)→?	「하북위례성과 하남위례 성」『사학지』26, 1993.
朴淳發	한강이북	몽촌토성	몽촌 토성		한강이북→하남위 례성=한성→한산→ 한성	「백제도성의 변천과 특징」 『한국사의 이해』, 중산정덕 기박사화갑기념한국사학논 총1996.

앞의 표에 정리된 제견해를 종합해 보면, 백제 초기의 도읍은 처음에 慰禮城에 정했다가 다시 漢水 이남으로 옮겼다는 점에 대해서는 대체로 비슷한 견해를 보이고 있다. 다만 이들 도읍이 있었던 각각의 위치에 대해서는 다양한 비정이 이루어지고 있다. 도읍지로 비정되고 있는 지역을 살펴보면, 먼저 초도지인 위례성의 위치는 稷山과 한강 이북의 어느 지역에서 구하고 있다. 그런데 대부분의 학자들은 初都地 위례성을 한강 이북에서 구하고 있는데, 구체적인 위치에 대해서는 다양한 견해를 보이고 있다. 하남 위례성은 이를 한성과 동일한 것으로 보는 견해가 많은데, 그 위치에 대해서는 경기도 광주를 비롯해 남한산성, 풍납리토성, 몽촌토성 등에 비정하고 있다. 이 외에 한산을 도읍지의 하나로 보는 견해도 있으며, 이곳은 남한산 또는 남한산성에 비정되기도 한다.

그런데 이들 견해를 크게 구분해 보면, 초도지인 위례성의 위치가 한강 이북인가, 아니면 직산일대였는가? 그리고 하남 위례성은 경기도 광주일대인가, 아니면 한강 남안일대인가 하는 점으로 요약될 수 있을 것이다. 그리고 위례성, 한성, 한산은 한강을 중심으로 서로 밀접한 관계에 있었음을 알 수 있다.

백제의 초기 도읍지와 관련하여 이와 같이 다양한 견해가 제기되고 있는 이유는 말할 것도 없이 자료의 부족과 고고학적인 조사의 미흡에 기인하며, 또한『三國史記』초기기록의 신빙성 문제와도 관련이 있다.72) 그렇지만 비록 부족한 사료일지라도 면밀한 검토와 분석을 가하고, 아울러 최근 활발하게 진행되고 있는 고고학적인 연구성과를 활용한다면 어느 정도 그 실상을 파악할 수 있을 것이다.

특히 최근 풍납토성의 발굴 성과로 인해 풍납토성이 하남 위례성일 가능성이 매우 높아졌다. 또한 왕도 안에 南城과 北城이 있었다는 기록으로 보아 풍납토성이 北城, 몽촌토성이 南城일 것으로 비정되고 있다.73) 따라서 한성시기의 백제 도성문제는 이러한 고고학적인 성과에 의해 조만간에 규명될 수 있을 것으로 기대된다.

3. 稷山 慰禮城의 역사적 성격

백제 初都地로서의 위례성의 위치에 대해서는 다양한 비정이 이루어지고 있음을 앞에서 살펴보았다.

그런데 현재 위례성의 명칭이 남아있는 지역은 천안 성거산에 위치하고 있는 위례산성뿐이다. 그로 인해 오래 전부터 이곳 위례성은 백제 온조왕대의 初都地로 전해져 내려오고 있는데, 조선 세조 11년(1465)에는 온조왕의 사당이 지어지기도 했으며,74) 현재까지도 지역 주민들을 중심으로 여러 가지 관련 행사가 행해져 오고 있다. 따라서 직산 위례성이 백제 初都地인가, 아니면 백제가 언제인가 이곳에 도읍을 옮겼던 역사적

---

72) 백제 초기의 도성에 대한 여러 견해에 대해서는 임영진의『백제의 곰말 몽촌토성』 139~146쪽에 잘 설명되어 있어 참고된다.
73) 신희권, 2002,「백제 한성기 도성제에 대한 고고학적 고찰」,『백제도성의 변천과 연구상의 문제점』, 국립부여문화재연구소 제3회 문화재연구학술대회 요지문.
74)『世宗實錄地理志』충청도 청주목 직산현조.

사실이 있었는가 등에 대한 검토를 필요로 한다.

먼저, 稷山 慰禮城說의 근거가 되는 최초의 관련기록을 찾아보면 다음과 같다.

Ⅰ-1. 東明第三子 一云第二 癸卯立 在位四十五 都慰禮城 一云蛇川今稷山 丙辰移都漢山 今廣州(『三國遺事』 왕력표 백제 온조왕조)

2. …史本記云 百濟始祖溫祚…後至聖王 移都於泗沘 今扶餘郡(彌雛忽 仁州 慰禮今稷山)(『三國遺事』 紀異第二 南夫餘 前百濟 北夫餘)

사료 Ⅰ에서 보듯이 직산 위례성설은 『三國遺事』의 기록에 처음 보인다. 왕력표의 백제 온조왕조에서 도읍이 위례성인데 사천이라고도 하며, 지금의 직산이고, 온조왕 14년에 도읍을 한산으로 옮겼는데, 지금의 광주라는 것이다. 그리고 紀異篇 남부여 전백제 북부여조에서 미추홀은 인주이며, 위례성은 직산이라고 하였다. 다만 『三國遺事』의 경우에도 위례성이 직산이라는 주만 제시하였을 뿐 구체적인 근거자료는 없다. 따라서 『三國遺事』가 쓰여질 당시 직산지역을 백제의 초도지인 위례성에 비정하게 된 원인이 어디에 있는가 검토가 요구된다.

『三國遺事』는 승려 일연이 1281년(충렬왕 7)경에 편찬한 사서로, 내용은 사가의 기록에서 빠졌거나 자세히 드러나지 않은 것을 드러내 표현한 것으로 神異한 史話가 많다는 특징이 있다. 또한 『三國遺事』는 저자의 관심을 끈 자료들을 선택적으로 수집·분류한 자유로운 형식의 역사서로 평가되고 있다. 따라서 위례성이 직산이라는 註를 달고있는 것은 『三國遺事』 撰者가 책을 서술할 당시 개인적으로 수집한 자료에 의했거나 아니면 찬술당시의 일반적 통념에 의한 것일 가능성이 높다. 먼저, 당시에 직산이 위례성으로 전해지고 있었는가 검토해 보기로 한다. 이와 관련하여 주목되는 자료가 『海東高僧傳』 釋摩羅難陀條에 보이는 다음의 내용이다.

「耆老記云 高句麗始祖朱蒙取高麗女 生二子 曰避流 恩祖 二人同志 南走
至漢山開國 今廣州是也 本以百家渡河故名百濟」(『海東高僧傳』 권1, 釋摩羅難
陀條)

즉, 『海東高僧傳』 釋摩羅難陀條의 내용을 보면 위례성을 광주로 비
정하고 있는 것이다. 『海東高僧傳』은 고려대 고승인 覺訓이 우리나라 고
승들의 전기를 정리하여 편찬한 역사서로 1215년(고종 2)에 편찬된 것으
로 보고 있다. 다만 내용에 있어서는 여러 가지 문제점이 지적되고 있지
만 『三國遺事』에서도 이 책을 인용하고 있기도 하다. 따라서 비슷한 시
기에 쓰여진 역사서에 위례성의 위치를 다르게 기록한 것으로 보아 당
시에 통념상 직산이 백제의 초도지로 알려지지는 않았던 것으로 보인다.
특히 『三國史記』 권37 잡지6(지리4)에 위례성이 삼국의 지명 가운데 이
름만 있고 그 위치가 미상인 곳에 포함되어 있는 것으로 보아 『三國史
記』가 찬수될 당시인 1145년(인종 23)경에도 직산의 위례성설은 없었음
을 알 수 있다. 그렇다고 한다면 위례성을 직산이라고 註를 달게 된 것
은 일연이 『三國遺事』를 서술할 당시 개인적으로 수집한 자료에 의한 것
으로 이해할 수밖에 없다.
그런데 『新增東國輿地勝覽』에서는 직산에 대하여 다음과 같이 기록
하고 있다.

「本慰禮城百濟溫祚王自卒本扶餘南奔開國 建都于此 後高句麗取之 爲蛇
山縣 新羅因之爲白城郡領縣 高麗初 改今名 顯宗九年 屬天安府 後置監務本朝」
(『新增東國輿地勝覽』稷山縣 建置沿革條)

내용을 보면, 백제의 도읍지가 위례성이고, 후에 고구려가 이곳을
빼앗아 사산현으로 하였다고 한다. 『高麗史』 지리지 직산현조나 『世宗實
錄地理志』 직산현조에서도 동일한 내용을 찾아볼 수 있다. 특히 『世宗實
錄地理志』 직산현조를 보면, 세종 11년(1429)에 온조왕의 사당을 세웠는

데, 현의 동북쪽 사이 5리에 있다고 한다.75) 따라서 조선시대에 와서는 직산이 백제 초도지 위례성으로 일반적으로 인식되고 있었음을 알 수 있다.

뿐만 아니라 『新增東國輿地勝覽』稷山縣 樓亭條의 濟源樓記에 徐居正이 직산을 백제의 초도지로 설명하고 있다. 관련 자료를 보면 다음과 같다.

> 「稷之爲百濟始都無疑矣 溫王之後 自稷遷南漢山城 卽今之廣州也 又遷北漢山城 卽今漢都也 後徙錦江 卽今之公州也 又徙泗沘河 卽今之扶餘也」(『新增東國輿地勝覽』稷山縣 樓亭條)

라고 하여 직산을 백제의 초도지로 비정하였다. 여기서 徐居正은 『三國史節要』를 찬수할 당시 여러 책들을 살펴본 바 직산 위례성이 백제의 초도지라는 것이다. 『三國史節要』는 徐居正·盧思愼 등이 1476년에 편찬한 단군조선으로부터 삼국의 멸망까지를 다룬 편년체의 역사서이다. 『三國史節要』는 『三國史記』 본기를 중심으로 서술하였으며, 『三國遺事』와 『殊異傳』 등의 내용도 함께 기술하였다. 그런데 직산을 백제 초도지에 비정한 것은 『三國遺事』의 내용에 근거한 것으로 보인다. 왜냐하면 『三國史記』에는 위례성이 「三國有名未詳地分條」76)에 보이고 있기 때문이다.

직산 위례성설 이외에도 조선 후기의 기록들을 보면, 백제 초도지로서의 위례성의 위치와 관련해서 다양한 기록들이 보이고 있다.

J-1. 北漢卽溫祚舊都 (『肅宗實錄』(권50 상) 37년 2월 5일 甲子條)
  2. 大華山 在州西 溫祚王嘗營都於此山下 尺量地勢 今謂其處曰都尺面 盖

---

75)「百濟始祖溫祚王廟[在縣東北間五里 今上十一年己酉七月 始立廟 春秋傳香致祭」(『世宗實錄地理志』충청도 직산현조)
76)『三國史記』권37 잡지6 지리4.

溫祚之自漢北而移漢南也 初營築於寶盖山(『海東紀略』龍仁條)

3. 又審量於大華山下 後乃建都於漢山下之宮村也[卽河南慰禮城](『海東紀略』廣州條)

4. 寶盖山石城 在縣東二十五里 百濟溫祚王嘗築城於山嶺 旋卽移都於漢山下[今廣州古邑之宮村] 至今山嶺有石築遺址 士人指爲百濟城 名其山曰石城山(『海東紀略』龍仁條)

『肅宗實錄』에서는 북한산이 온조의 舊都 즉 위례성임을 말하고 있다. 『海東紀略』에는 온조가 용인의 보개산 산정, 또는 광주지역의 대화산 아래에 도읍을 정하였다가 후에 다시 한산 아래로 도읍을 옮긴 것으로 기록하고 있다.[77] 다만 『海東紀略』은 조선 말기의 학자 尹廷琦(1814~1879)가 저술한 것으로 추정되는데, 속전에 근거한 것으로 그대로 받아들이기에는 어려움이 있다.

이와 같이 불명확한 문헌기록으로 인해 백제 초도 위례성의 위치에 대해서는 이제까지 다양한 견해들이 제기되어 왔다. 다만 본고는 직산 위례성의 문제를 다루고 있으므로, 여기서는 직산 위례성과 관련하여 기존에 제기된 학설을 중심으로 그 골자를 검토해 보기로 한다.

王都로서의 직산 위례성과 관련해서는 다양한 견해가 제기되고 있는데, 첫째는 初都地로서의 직산 위례성을 인정하는 견해, 둘째는 初都地로서의 직산 위례성은 부정하지만 후에 일시적으로 이곳이 왕도로서 이용되었을 가능성에 대해서는 긍정을 하는 견해, 셋째는 도읍으로서 직산 위례성 문제를 언급조차 하지 않는 견해 등으로 구분해 볼 수 있다. 그러면 이들 여러 견해를 함께 검토해 보기로 한다.

위례성의 위치에 대해서 치밀한 고증을 처음으로 시도한 것은 茶山 丁若鏞이다. 그는 위례성에 대하여 「위례성은 백제시조가 처음 도읍하였

---

77) 寶盖山은 경기도 용인시 구성면과 포곡면 경계에 있는 산이며, 大華山은 太華山으로도 불리는데, 경기도 광주시 도척면 남부에 위치하고 있다고 한다(金侖雨, 1993, 「河北慰禮城과 河南慰禮城考」, 『史學志』26, 54~55쪽).

던 곳으로 그 옛터가 지금의 한양성 동북쪽에 있다」라고 하였다. 즉, 다산은 『彊域考』「慰禮考」에서 『三國史記』 온조왕조의 기록들을 참고하여 종래의 위례성 직산 위치설을 부정하고 초도지를 삼각산의 동록인 '漢陽東'이라고 지적하고, 이후 廣州의 古邑인 宮村(현 춘궁리)로 하남 위례성을 비정하였다. 그리고 직산 위례성설에 대해서는 하남 위례성이 고구려 군에게 함락당한 뒤에 문주왕이 웅진으로 향하여 가는 도중에 일시 머물렀던 곳에서 온 것으로 보았다.[78] 문주왕대 공주 천도과정에서 잠시 도읍지로 이용했을 것이라는 추정에 대해서는 洪再善도 그대로 따르고 있다.[79] 즉, 백제가 고구려의 남하를 저지하기 위한 안정된 전방기지로 위례성을 생각하고 있는데, 다만 高地에 위치하고 있어 도읍지로서의 도성이라기 보다는 전투형 산성으로 파악하고 있다.

그런데 백제 초도지로서의 위례성이 한강의 북쪽에 있었다고 하는 다산의 견해는 그 후 金正浩를 비롯하여 현재까지 많은 학자들의 지지를 받고 있는데, 金龍國은 「河南慰禮城考」에서 미아리-우이동 일대는 위례성의 지리적 조건을 갖춘 곳이라 하고, 단지 현재 유적이 남아있지 않은 것은 건국초기 단기간에 있었던 시설이고, 또 그곳이 전쟁의 피해를 자주 입었던 곳이기 때문이라고 하였다.[80] 그리고 직산 위례성설은 徐居正이 직산읍 객사 근처에 있는 濟源樓의 명칭 '濟源'을 백제의 근원이라는 뜻으로 보고, 성거산 명칭과도 관련하여 성거산성을 백제시조 온조왕이 쌓았다고 하여 위례성으로 추정하였기 때문으로 이해하였다. 李丙燾는 丁若鏞의 견해를 일부 인정하면서 최초의 위례성은 삼각산, 즉 북한산을 배경으로 하여 지금의 세검동 계곡 일대에 자리잡고 있었으며, 한산 아래에 있는 지금의 광주군 춘궁리 일대에 立柵, 천도하여 이를 한

---

78) 丁若鏞, 「慰禮考」, 『彊域考』三, 與猶堂全書 제6집.
79) 洪再善, 1986, 「天安 稷山 慰禮城考」, 『考古美術』174, 12쪽. 그리고 위례성은 「城郭」의 의미로써 위례성의 명칭이 현존하고 있는 것으로 보았다.
80) 金龍國, 1983, 「河南慰禮城考」, 『향토서울』41.

성이라 하고, 한산(남한산)에도 산성을 축조하였다고 하였다.[81] 그리고 직산 위례성설에 대해서는 직산 일대가 본래 마한의 중심세력인 目支國의 소재지였는데, 후세에 망각됨에 따라 잘못 백제의 도읍지였던 위례로 전칭해 온 것이라고 이해하였다. 이는 마한 후퇴기의 중심지요 백제 후기의 別都인 지금의 익산을 마한 초기부터의 중심지로 誤傳해 온 것과 같은 현상으로 보았다.[82]

반면에 도읍으로서의 직산 위례성에 대해 긍정적인 입장에서 보는 견해도 있다. 崔南善은 『朝鮮常識(地理篇)』 백제강역조에서 위례성은 현 직산 성거산을 말한다고 하였으며, 申采浩는 아신왕 5년(396) 멸망의 위기에 처한 백제가 고구려의 남진세력을 피하여 사산(직산)으로 임시 천도하고 新慰禮城이라고 칭하였다고 하였다.[83] 또한 위례산성이 천안 이외에 다른 지역에는 없다는 점과 위례산을 중심으로 전해져 오는 전설, 지형, 기타 고고학적인 양상 등을 통해 직산지역을 백제의 초도지로 이해하는 견해도 있다.[84] 한편, 金在鵬은 근초고왕대까지 도읍은 직산였으며, 371년의 移都는 직산에서 한산으로의 移都를 말하며, 백제가 이를 통해 한강유역으로 본격적으로 진출한 것으로 보기도 한다.[85] 이 외에 사산성 지역의 역사적 배경을 살펴보면서 이 지역을 임시 도성지역으로 추정하거나[86] 또는 초도지는 아닐지라도 백제의 수도와 깊은 관계가 있

---

81) 그렇지만 세검동 계곡일대에는 백제초기의 유적이 보이지 않는데 그 문제점이 있다.
82) 李丙燾, 1974, 「慰禮考」, 『學術院論文集』 13, 486쪽.
83) 申采浩, 1982, 『朝鮮上古史』, 人物研究所刊, 217쪽.
84) 吳世昌, 1987, 「慰禮城」, 『鄕土研究』 1, 천안향토문화연구회; 1995, 「百濟初都慰禮城考」, 『鄕土研究』 6, 천안향토사연구소. 이 견해는 직산이 온조왕 14년 경기도 광주로 移都하기 전까지 13년간 왕도로서 기능하였던 것으로 보고 있다. 그러나 기원전후한 시기 13년간의 도읍지를 전설이나 고고학적인 요소를 통해 확인하기는 현실적 으로 많은 제약이 있다.
85) 金在鵬, 1974, 「百濟舊都 稷山考」, 『朝鮮學報』 70.
86) 權兌遠, 1986, 「蛇山城一圓의 歷史地理的 背景」, 『百濟研究』 17.

는 것으로 이해하기도 한다.[87] 이와 같이 약간씩 이해의 정도는 다르지만 직산을 백제의 초도지 내지는 일시적인 도읍지로 이해하는 견해들이 있으며, 이러한 견해는 특히 천안지역의 향토사를 연구하는 지역 사학자들을 중심으로 지속적으로 제기되어 왔다.

이 외에 대부분의 연구자는 직산 위례성에 대해서는 전혀 언급이 없으며, 그 자체를 인정하지 않는 것 같다. 이와 관련된 여러 학자들의 견해 및 위치에 대한 비정은 앞에 제시된 표와 같으며, 구체적인 논의는 생략하기로 한다. 다만 하남 위례성의 위치로 춘궁리 일대, 이성산성, 몽촌토성, 풍납동토성 등 다양한 지역이 제기되고 있다. 이와 관련하여 몽촌토성, 풍납동토성, 이성산성, 춘궁리일대 등에 대해서는 부분적으로 고고학적인 조사가 진행되었다.

춘궁리 일대는 丁若鏞이 하남 위례성의 위치를 광주궁촌(현 춘궁리 일대)으로 지목한 이래 초기백제의 도성 후보지로 거론되어 왔으나 1988년 판교-구리간 고속도로 공사로 인한 구제발굴에서 이 일대에서 백제시대 유적이 확인되지 않아 그 가능성이 적어졌다. 그리고 1985~2002년에 걸쳐 여러 차례에 걸쳐 조사가 실시된 이성산성은 통일신라시대, 고구려, 백제시대의 유적이 모두 조사되고 있으나 도성과 관련된 유적은 아직 확인되지 않았다. 다만 이들 조사가 모든 지역을 대상으로 실시된 것이 아니기 때문에 아직 단정할 수는 없겠다.

그렇지만 1983~1988년에 걸쳐 수 차례 발굴조사 된 몽촌토성은 백제시대의 중요 유적으로 백제의 와당, 중국자기, 벼루 등 지배층과 밀접한 관련이 있는 유물과 적심석을 갖춘 지상 건물지, 연지 등 관련 유적이 조사되어 왕성으로 비정되고 있는 지역 가운데 하나이다. 이와 함께 풍납토성은 그동안 사성 또는 한성의 이궁성 내지는 북성으로 비정되어 왔는데, 최근 발굴조사 결과 이른 시기의 백제유적과 유물이 다수 확인

---

87) 閔丙達, 2000, 「稷山慰禮城說에 對한 새로운 연구」, 『鄕土研究』11, 천안향토사연구소.

되어 백제 초기의 왕성일 가능성이 매우 높아졌다.

이와 같이 백제 초기의 도성과 관련된 한강일대의 유적들에 대한 발굴조사가 진행되고 있는 가운데 직산 위례산성의 성격을 규명하기 위한 노력도 지역을 중심으로 지속적으로 나타났다. 그렇지만 위례산성과 백제 도읍지와의 관련성은 현재 많은 논의가 진행 중에 있으며, 考古學的으로 이를 고증할 만한 유적이나 유물은 아직 찾아지고 있지 않은 상태이다. 뿐만 아니라 이제까지의 조사 결과에 의하면, 현재 성거산에 축조되어 있는 위례산성의 조성시기는 體城 자체는 삼국시대인 7세기대에 조영된 것으로 보고되었으며, 유물에 있어서도 결정적인 증거들은 보이고 있지 않다. 또한 현재 남아있는 성벽의 초축시기는 통일신라이며, 비록 그 유적에서 三足器 등의 백제토기편이 출토되었으나 그 상한은 4세기를 넘지 않는 것으로 보고되었다.[88] 따라서 현재까지의 考古學的인 성과로는 백제 初都로서의 하남위례성과 관련된 유적·유물은 확인된 것이 없다고 하겠다. 그리고 위례산성에 대한 직접적인 조사와 함께 주변 지역에 대한 조사 및 문헌에 대한 검토 등도 이루어졌으나[89] 아직 위례산성의 성격을 분명하게 파악하는 데는 한계가 있었다.

그러면 천안 북면지역에 위치하고 있는 위례산성[90]이 언제 어떠한 이유로 이와 같이 불리게 되었을까? 이 문제를 밝히기 위해서는 먼저 백제시대 직산 지역에 대한 역사지리적 이해가 필요하다. 이를 위해 직산 지역이 백제의 初都地였던 위례성으로 불릴 수 있는 가능성과 그 내용을 검토해 보기로 한다.

먼저 기존의 견해를 포함해서 여러 가능성을 제시해 보면 다음의

---

88) 任孝宰·崔鍾澤·梁成赫, 1997, 『天安 慰禮山城 -試掘 및 發掘調査報告書-』.

89) 任孝宰·尹相悳, 1999, 『天安의 關防遺蹟(慰禮山城 周邊 地表調査報告書)』.

90) 위례산성이 위치하고 있는 행정명은 천안시 북면 운용리 산81번지 일대이다. 그러나 각종 사서에 직산 위례성으로 기록하고 있고, 근대 행정구역이 획정되기 전까지 이 지역은 직산 관할이었으므로 본고에서는 논의의 편의상 직산 위례성으로 표기하도록 하겠다.

몇가지로 나누어 볼 수 있다. 첫째, 직산 위례성이 실제 백제 初都地일 가능성이다. 둘째, 目支國 중심지와의 관련성 문제이다. 셋째, 공주 천도 과정에서 문주왕이 일시적으로 이곳에 머물렀을 경우이다. 넷째, 아신왕 대 고구려 광개토왕에 밀려 일시적으로 移都했을 가능성이다. 끝으로 徙民과의 관련성이다. 이와 같이 다양한 가능성을 고려한 상태에서 각각의 문제를 검토해 보기로 한다.

첫째, 직산 위례성이 실제 백제 初都地일 가능성이다. 이에 대한 내용은 『三國遺事』를 비롯해 조선시대 각종 지리서에 기록되고 있다. 따라서 문헌자료만을 토대로 한다면 가장 신빙성을 지닌 비정이라고 할 수 있다. 그런데 백제는 온조왕 원년에 위례성에 처음 도읍을 정한 후 다시 14년 정월에 하남 위례성으로 도읍을 옮기고 있다. 따라서 직산지역이 초도지일 경우 도읍으로서 기능한 기간은 불과 13년에 지나지 않는다. 그러나 기원전후한 시기에 백제 지역에는 마한 54국이 존재하였으며, 천안지역의 경우에도 유력한 마한의 한 小國이 위치하고 있었다. 그것이 目支國이었는가[91]는 별문제로 하더라도 각 지역에 소국이 분립하고 있는 상황에서 직산지역에서 한강유역으로 그렇게 쉽게 도읍을 옮길 수 있었겠는가 하는 점은 여전히 의문으로 남는다.[92] 또한 온조왕 14년의 천도 이유가 앞에서 검토하였듯이 樂浪과 靺鞨의 침략으로부터 벗어나기 위한 목적이라고 한다면 남쪽에서 오히려 그들과 가까운 북쪽으로

---

91) 目支國의 위치와 관련된 여러 견해는 盧重國의 「目支國에 대한 一考察」(1990, 『百濟論叢』2) 66~69쪽에 잘 정리되어 있다.

92) 기원전후한 시점에 백제지역에는 마한 54개 小國이 분립되어 있었다. 참고로 마한시대의 정치상황을 알 수 있는 기록을 보면 다음과 같다.
「凡五十餘國. 大國萬餘家, 小國數千家, 總十餘萬戶 …其俗少綱紀, 國邑雖有主帥, 邑落雜居, 不能善相制御『三國志』권30 魏書 烏丸鮮卑東夷傳30 韓傳)」
즉, 마한은 54개의 소국으로 나뉘어져 있었으며, 각 지역에는 小國이 분립하고 있었다. 이러한 시기에 백제가 어느 한 지역에서 다른 지역으로 왕도를 옮긴다는 것은 현실적으로 어려웠을 것이다. 특히 천안지역에는 마한의 맹주격인 목지국이 위치하고 있었던 것으로 비정되고 있는데, 백제가 건국 초기에 목지국이 위치하고 있었던 천안일대에 도읍을 정했을 것으로는 생각하기 어렵다.

도읍을 옮긴다는 것은 논리적으로도 모순이다. 특히 온조왕 17년 낙랑이 침입해 와서 위례성을 불살랐다는 내용[93]이나 온조왕 41년 한강 북쪽의 여러 부락민 15세 이상자를 징발하여 위례성을 修營하였다는 내용[94]은 한강 이북의 위례성 즉, 초도지 위례성을 지칭하는 것으로 이해하는 것이 합리적이다. 따라서 이는 앞에서 검토한 바와 같이 그 가능성이 매우 낮다고 하겠다.

둘째, 目支國 중심지와의 관련성 문제이다. 직산 일대는 본래 마한의 중심세력인 목지국의 소재지였는데, 후세에 망각됨에 따라 잘못 백제의 도읍지였던 위례로 전칭해 온 것이라는 견해이다.[95] 이는 마한 후퇴기의 중심지요 백제 후기의 別都인 지금의 익산을 마한의 초기부터의 중심지로 誤傳해 온 것과 같은 현상으로 보았다.

천안지역에 마한 45국 가운데 유력한 세력이 존재하였을 것이라는 점은 고고학적인 유적·유물을 통해서 확인된다. 따라서 직산일대가 유력한 小國의 도읍지였을 가능성은 충분하다. 다만 이들 유적을 남긴 세력이 목지국이었는가는 충분한 검토가 요구된다. 따라서 이러한 논의는 현재로서는 하나의 가설에 불과하며, 이를 논리적으로 뒷받침할 만한 자료는 없는 실정이다.

셋째, 공주 천도과정에서 문주왕이 일시적으로 이곳에 머물렀을 경우이다. 고구려의 침략은 개로왕 21년 9월에 이루어져 7일만에 왕도가 함락되었다. 이때 문주는 신라에 원병을 청하여 1만의 원병을 얻어 돌아왔으나 이미 왕도는 공파되고 개로왕은 죽은 뒤였다. 이에 그 해 10월에 웅진으로 도읍을 옮겼다고 한다. 그렇다면 문주왕이 한성에서 웅진으로 천도를 하는 과정에서 어느 지역에 일시적으로 머물렀을 가능성은 그리 크지 않다. 이들 사건이 불과 1달여만에 이루어지고 있기 때문이다.

---

93) 『三國史記』 권23, 백제본기1 온조왕 17년조.
94) 『三國史記』 권23, 백제본기1 온조왕 41년조.
95) 李丙燾, 1974, 「慰禮考」, 『學術院論文集』13, 486쪽.

넷째, 아신왕대 고구려 광개토왕에 밀려 일시적으로 移都했을 가능성이다. 실제 직산 위례성이 백제 초도지가 아니라고 한다면 475년 이전96) 언제인가 이곳으로 왕도를 일시적으로 옮겼을 가능성도 배제할 수는 없다. 그러나 이와 관련된 기록은 『三國史記』 등에 전혀 나타나고 있지 않으며, 고고학적인 현상을 통해서도 확인할 수 없다. 따라서 현재로서는 그 가능성을 제기하는 정도에서 크게 벗어나지 못할 것 같다.

다섯째, 한강 북쪽 民戶의 徙民과 직산지역이 지닌 지리적 중요성이다. 웅진천도 후 직산지역은 지리적으로 고구려의 남진을 저지하는 중요한 위치를 점하게 되었다. 그리고 문주왕은 漢江 북쪽의 民戶를 웅진 북쪽에 사민시켜 고구려의 남진에 대비하였던 것으로 보인다. 이때 사민된 한성인들은 그곳에 정착하게 되었고, 백제 초기의 왕도명이었던 위례성을 칭하게 되었을 가능성이 있는 것이다.

문주왕은 왕도 함락후 바로 도읍을 웅진으로 옮겼다. 그리고 그 이듬해인 476년 2월에는 大豆山城을 수축하여 한강 북쪽의 民戶를 옮기었다.97) 여기서 대두산성을 修葺하였다고 하는데, 이것은 기존에 축성되어 있는 성을 수리한 것임을 의미한다. 그런데 대두산성의 修葺 사실과 관련하여 온조왕 27년조에 보이는 대두산성의 축조기록이 주목된다.98) 즉, 온조왕이 기원후 10년(온조왕 26)에 마한을 기습 공격하여 그 國邑을 병합하였는데, 원산과 금현의 2城만이 항복하지 않았다가 27년 4월에 와서 이들 2城이 항복하자 그 民戶를 한산의 북쪽으로 徙民하였으며, 그 해 7월에 대두산성을 축조하였다고 한다. 따라서 대두산성은 마한을 병합한

---

96) 475년에 웅진(공주)으로 천도한 것은 사실이며, 538년 사비(부여)로 천도할 때까지 공주가 왕도였고, 부여로 천도한 이후에는 660년 백제가 멸망할때까지 그곳에 왕도가 위치하고 있었기 때문에 직산 위례성에 왕도가 위치할 가능성이 있는 시기는 웅진시기 이전 즉, 475년 이전까지이다.

97) 『三國史記』 권26, 백제본기4, 문주왕 2년조, 「春二月 修葺大豆山城移漢北民戶」.

98) 『三國史記』 권23 백제본기1 온조왕 27년조, 「夏四月 二城降 移其民於漢山之北 馬韓遂滅 秋七月 築大豆山城」.

후에 복속지역을 통치하기 위해 축조한 성으로 생각된다. 그런데 온조왕 36년에 탕정성을 축조하고 대두성의 民戶를 나누어 거주하게 하고 있다.[99] 탕정성은 아산 읍내동에 위치하고 있는 읍내동산성으로 비정되기도 하는데, 대두산성은 이와 가까운 위치에 있었던 것으로 추정된다.[100] 대두산성은 마한을 병합하고 이 지역을 통치하기 위해 축조한 성이었으므로 목지국으로 비정되는 직산지역에 위치하였을 가능성이 높다. 따라서 한산의 북쪽 주민들이 사민된 지역은 직산일대로 추정해 볼 수 있다.

그러면 어떤 이유로 인해 직산지역에 위례성의 명칭이 생겨나게 되었을까? 문주왕은 대두산성을 수축하고 한강 북쪽의 民戶를 사민시켰다. 이때 사민된 民戶는 한강 북쪽에 살고 있었던 백성들이었다. 그런데 한강 북쪽은 그 위치는 확인할 수 없지만 원래 백제의 초도지에 비정되는 지역이다. 이 지역의 주민들은 자신들이 거주하는 지역이 왕도인 위례성이었다는 인식을 여전히 가지고 있었을 것이다. 그런데 한강유역을 상실하면서 이들 지역은 고구려의 지배하에 놓이게 되고, 도읍을 웅진으로 천도하게 되었다. 이듬해 초도지였던 위례성 지역에 거주하던 주민들을 문주왕에 의해 직산일대로 徙民되었다. 이곳에 정착하게 된 한강 북쪽의 주민들은 직산지역을 자신들이 원래 살고 있었던 초도지인 위례성으로 칭하게 되었던 것이 아닐까 추정해 볼 수 있다.[101] 그리고 이 과정에서 각종 설화나 전설도 함께 생성되었을 것이다.

특히 직산일대는 고구려와 군사적인 접경지대를 이루는 중요한 거

---

99) 『三國史記』 권23, 백제본기1, 온조왕 36년조, 「秋七月 築湯井城分大豆城民戶居之」.
100) 兪元載, 1992, 「百濟 湯井城 研究」, 『百濟論叢』3, 80~85쪽.
　　　그런데 대두성은 삼근왕 2년조에 다시 등장하고 있다. 문주왕을 죽인 解仇가 燕信과 함께 무리를 모아 대두성에서 반란을 일으키고 있는 것이다(『三國史記』 권26, 백제본기4, 삼근왕 2년조, 「佐平解仇與恩率燕信聚衆 據大豆城叛 王命佐平眞男 以兵二千討之 不克 更命德率眞老 帥精兵五百 擊殺解仇 燕信奔高句麗 收其妻子 斬於熊津市」).
101) 徙民된 지역에 위례성의 지명을 붙인 것은 자신들의 고향으로 다시 돌아가고자 하는 염원이 배어있는 것이 아닌가 한다.

점지역이었기 때문에 배후에 산성을 축조하고 이를 위례산성으로 지칭하였던 것으로 보인다. 『日本書紀』에는 475년 한성이 함락될 때까지도 위례라는 명칭이 여전히 남아있었는데, 한강 북쪽의 초도지 위례성 지역에 살던 주민들도 그에 대한 인식을 한성말기까지 가지고 있었을 것이다. 따라서 고구려 장수왕에 의해 한성이 함락됨으로써 백제의 도읍이었던 위례성이 상실된 상황에서 그들이 사민된 지역을 원거주지의 이름을 따서 불렀을 가능성은 충분하다고 생각된다.

이상의 검토를 통해 보았을 때 직산지역에 위례산성의 명칭이 생겨나게 된 것은 徙民과 직산지역이 갖는 역사지리적 위치와 밀접한 관련이 있는 것으로 추정된다. 즉, 문주왕은 웅진으로 천도한 이후 한강 이북의 주민들을 이곳에 사민시켜 고구려의 남진에 대비하고자 하였던 것으로 보인다. 이때 사민된 주민들은 산성을 축조하고, 그 산성을 자신들이 거주하였던 초도지 위례성의 이름을 따서 위례산성으로 부르게 되었던 것이 아닌가 추정된다.

이러한 추정은 직산지역과 위례성을 연결시킬 수 있는 자료가 사민기록 이외에는 찾아지지 않는다는 현실적 어려움을 고려할 때 가장 합리적인 해석이 아닌가 한다.

다만 이러한 결론이 단지 사민에 대한 기록만을 가지고 추정한 것이기 때문에 논지의 진행에 있어서 억측과 비약이 내재되어 있다는 점은 부정할 수 없다. 그렇지만 현재 천안 북면에 위치하고 있는 산성이 백제의 왕도였던 위례성을 지칭하게 된 원인을 구명하기 위한 하나의 과정으로 생각한다. 지속적인 연구와 관심이 요구된다.

【강종원】

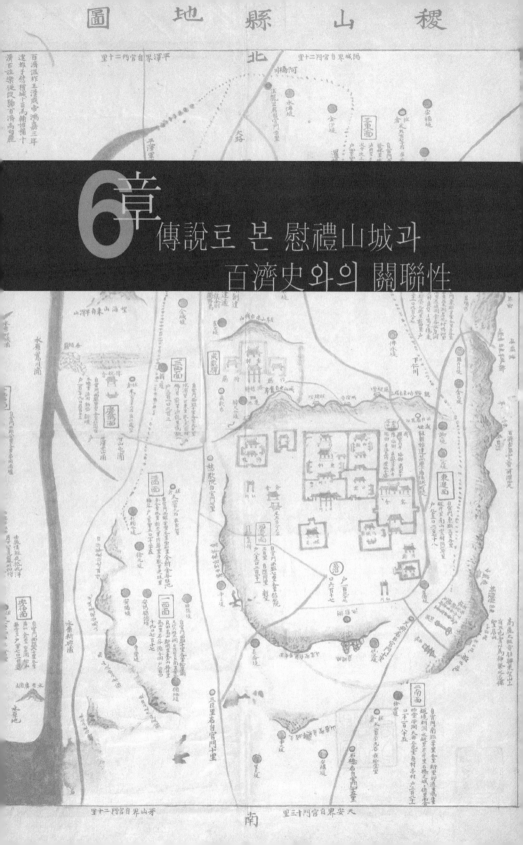

6章
傳說로 본 慰禮山城과
百濟史와의 關聯性

6章 傳說로 본 慰禮山城과 百濟史와의 關聯性

1. 머리말

이 글은 전설 - 지명까지를 포함하여 - 에 반영된 위례산성의 역사와 그 의의를 살펴보려는 것이다. 위례산성이 거쳐온 역사가 지명과 전설에 어떻게 영향을 주었으며, 전설적 표현은 어떤 모습을 보이는지, 그리고 그러한 전설이 지니는 역사적 의의는 어떤지를 이해해보고자 한다. 그럼으로써 역사와 고고학만으로는 부족한 위례산에 대한 이해가 전설을 통하여 일정한 정도 기여할 수 있기를 기대한다.

전설은 일정한 역사 사실이 허구적으로 증폭된 이야기이다. 이에 따라 전설은 사실(事實)성과 표현(表現)성을 동시에 띠고 있다. 전설은 사실의 보존이자 주관적 표현성을 동시에 띠므로 그것은 객관으로서의 역사와 주관으로서의 문학적 기능을 동시에 갖는다. 따라서 전설은 소재와 표현 모두에서 역사와 긴밀한 관련성을 맺게 된다. 분석적으로 보면 전설의 소재 하나 하나는 역사 연구의 중요한 사료가 될 수 있으며, 전설의 조사는 그러므로 일차적으로 사료의 정리 작업도 된다. 기록자료나 고고자료를 기대하기 어려운 경우일수록 이들 전설자료가 지니는 사료로서의 의의는 더욱 크게 부각되기 마련이다. 이 경우 역사학 쪽에서는 전설 속의 역사성을 필요한 대로 이용하면 된다. 다른 한편으로, 전설과 역사와의 관련성은 하나의 완결된 이야기, 주제와 서사성을 지닌 설화라는 측면에서도 긴밀한 관련성을 띠고 있다. 이 경우는 주관화되고 표현화된 것이므로 전체로서, 허구적 표현물로서의 역사성을 문제삼아야만 한다. 그것은 곧 전설 전승 집단의 역사의식이 담긴 이야기이므로 그런 측면이 중시되어 역사적 의의가 물어져야만 할 것이다.

위례성은 그 위치와 존재가 분명한 것과는 반대로, 그 성립과 기능 문제는 오랫 동안 제대로 밝혀지지 못해왔다. 기록 사료의 한계를 말해준다. 그러다가 근래 들어 이에 대한 발굴이 이루어져 성의 기능과 축조시기 등 종전에 밝히지 못한 문제들이 상당 정도 드러나게 되었다.[102] 고고학적 연구의 필요성을 잘 입증하고 있다. 그러나 아직도 분명하지 못한 점이 물론 많이 남아 있다. 그렇다면 이제 어느 방면에서 접근함으로써 미진한 이해를 도울 수 있을 것인가? 이에 대한 또 하나의 의미있는 길이 곧 전설을 통한 접근방법임을 보이자는 것이 이 글의 목적이다. 위례성이 역사적으로 그처럼 중요했다면 그에 대한 전설을 남겼을 것이다. 이들 전설은 위례성으로 하여 이 지역에서 발생한 역사적 사실 가운데 지역민들의 삶과 의식에 깊은 영향을 준 결과이다. 그것은 기록 못지 않게 오랫 동안 전승되어 왔다는 점에서 그리고 지역민들의 공통 관심사로서 기억되어 왔다는 점에서, 기록자료보다 오래된 것일 수 있고 고고자료보다 사료로서의 비중이 높을 수 있다. 이처럼 전설은 과장되고 불투명한 데가 있지만 사료와 역사의식을 집약적, 핵심적으로 반영하고

---

102) 서울대학교 인문학연구소·천안시 1997, 『천안 위례산성』 −시굴 및 발굴조사보고서−.

보존한다는 점에서 역사와 고고학 방면과는 다른 독자적인 강점을 지니고 있는 것이다. 위례성의 역사와 그 의의를 이해하는 데에 전설을 소홀히 할 수 없는 이유이다.

전설이 역사 이해에 깊이 관련을 맺고 있고 그에 따라 직간접적인 도움을 줄 수 있다 해도 전설은 하나의 대상에 다수의 전설유형이 연관되어 있기도 하고, 전승유형이 복합적 구성을 보이기도 하는가 하면, 세부적인 표현상의 다채성을 보여주기 때문에 이들을 종합적으로 살피면서 사실성과 표현성을 적절히 판별하고 해석하는 일이 늘 쉬운 것만은 아니다. 전설은 사실성을 드러내기는 하지만 주관화하여 보여주므로 의식과 표현으로서의 역사를 선명하게 드러내는 데에는 이롭지만, 그러나 역사사실의 객관성 쪽에서 보면 늘 미흡하게 느껴질 수밖에 없다. 여기에 전설이 지니는 강점과 약점이 있다. 전설은 미지의 역사사실을 단편적으로 발굴해주거나 포괄적인 인식을 보여주기도 하지만, 전설이 드러내는 역사는 고고학 자료에 비하여 확실성이 부족하며 기록역사처럼 분석적이지 못하다. 따라서 전설에 의한 역사 이해의 약점을 보완하려면 필연코 역사학 쪽과 고고학 쪽과의 제휴와 도움이 필요하게 된다. 전설이 지니는 이러한 특징과 한계를 먼저 이해하고서 문제를 대할 필요가 있다.

전설을 통하여 위례성의 역사를 이해하려는 노력은 지금까지 별달리 가해지지 못했고, 부분적으로 있었다 해도 자료의 보고 수준의 가벼운 관심의 표명에 그치는 정도였다.[103] 이 글에서는 위 전설을 폭 넓게 주목하면서, 전설적 표현에 의한 위례성의 역사적 기능과 중요성이라는 문제의 핵심에 접근해보기로 한다.

---

103) 오세창이 위례성에 대하여 연구하면서 부수적으로 전설을 소개하고 있음이 그 한 예이다(오세창 1987, 「위례성」, 『향토연구』, 천안향토문화연구회)

2. 위례산성 일대의 지리적 성격과 전쟁체험의 중요성

위례산성 전설은 위례산성의 산물이고 위례산성은 위례산이 지닌 독자성의 소산이다. 위례산성 전설을 주목하기에 앞서 위례산성이 역사와 만나 전설을 산출하기에 적합한 조건이 무엇인지부터 보기로 한다. 이는 위례산과 역사와의 관련성과 함께 지정학적 조건과 관련하여 위례산성 전설이 갖는 중요성을 넓은 시야에서 이해하는 데에 도움이 된다.

위례산은 안성 동쪽에서 한남정맥과 나뉜 금북정맥이 남쪽으로 이어져 나가다가 천안 동북쪽 지경에 위치한 산이다. 이 산의 부근에서 다시 금북정맥에서 분기한 작은 산맥이 동남간인 청주 쪽을 향하여 흐르고 있다. 이들 두 산맥을 잇고 밑변을 그어보면 하나의 이등변 삼각형을 이루며, 전체적으로 보아 위례산은 이등변 삼각형의 꼭지점에 가까운 위치를 점하고 있다. 이러한 지정학적 특징은 자연히 한 축으로는 동서를, 그리고 다른 축으로는 남북을 막거나 통하게 하는 것이 위례산성 부근

【사진 28】 서북쪽에서 본 위례산 전경

지역의 중요한 기능이었을 것임을 알게 한다. 실제로 지금도 위례산성을 중심으로 하여 산 위쪽으로는 부수문이고개, 남쪽으로는 우물목고개가 동서와 남북을 통하게 하는 유일한 찻길을 이루고 있음을 알 수 있다. 이런 사정으로 하여 이곳은 일찍부터 군사적 기능이 주목되었을 것으로 보인다.

　이곳의 이러한 군사적 중요성이 인정되고 중요시되어온 전체 시대를 대략 (1) 부족연맹시대 (2) 삼한시대 (3) 삼국시대 (4) 후삼국시대 (5) 고려시대 (6) 조선시대로 구분하여 살펴볼 수 있을 것으로 본다. 좌우와 북쪽이 높은 산지로 감싸이고 개울을 앞에 둔 위례성 남쪽 일대 즉, 목천면·북면·병천면·동면 지역은 골짝이 깊어 수리가 용이한 데에다 옛날부터 쇠가 많이 나던 곳이다.104) 이러한 지리적 조건을 유의할 때 이곳에는 일찍이 부족연맹 시대부터 독립된 정치집단이 형성되었을 가능성이 있다. 목천면 동평리의 토성이나 성남면 화성리의 세성산에 있다는 농성은 이 시대의 유적을 말해주는 것으로 볼 수 있을 것이다. 그렇다면 이 시대부터 북쪽의 위례산, 혹은 산 아래의 부수분이고개나 우물목고개가 국경과 경계초소의 기능과 관련하여 어느 정도로든 중요성이 인정되었을 것이다. (2)의 시대는 마한의 중심국인 목지국이 천안 일대를 중심으로 크게 발전한 시기였다. 이때는 천안쪽 뿐만 아니라 그 동쪽인 목천면·북면·병천면·동면까지도 목지국의 판도에 속했을 가능성이 높다. 따라서 이때는 (1)에 비하여 나라가 커지고 국경의 범위가 훨씬 넓어짐에 따라 위례산과 그 주위의 고개가 지니는 의미가 더욱 중요하게 부각되었을 것이다. 이곳의 두 고개는 종래의 경계 초소 기능 위에 지역간의 교통로 개념이 함께 중시되었을 것이며, 그보다 높은 위치에 있는 위례산은 외침에 대비한 피난지로서의 기능이 중요시되었을 것이다. 그리고 이에 따라 축성이 긴요하게 요청되었다고도 볼 수 있다. 다음, 삼국간의

---

104) 목천면·병천면 일대에는 지금도 이와 관련된 지명이 많이 남아있다.

각축전이 계속되었던 (3)의 시대에 천안과 그 주변 일대는 삼국간의 불안정안 지배관계가 일정 기간을 두고 부침을 계속해나가던 시기였다. 이에 따라 위례산과 위례성 일대는 백제가 장기 지배하는 가운데 전선(戰線)의 개념을 강하게 띠어나가게 되고, 이에 따라 전쟁을 대비한 성으로서의 기능이 강화된 시기였다고 할 수 있다. (4) 시기의 천안은 고려의 남진 거점이었다. 이때를 전후한 무렵의 목주 일대는 한동안 고려에 저항적이거나 비우호적인 자세를 보였던 듯하며, 소규모의 국지전을 여러 차례 거듭했을 것으로 짐작된다.[105] 그러나 이곳이 천안과 청주 사이에 위치해 있는 데에다 청주가 일찍부터 고려의 영향력 속에 편입된 사실을 고려할 때 목주의 이러한 태도가 오래 유지되기는 어려웠을 것으로 보인다. 이에 따라 위례성은 전시대에 비하여 전략적 중요성이 크게 낮아졌다고 할 수 있다. (5)의 시대에 천안과 그 주변에 영향을 주었을만한 사건으로는 합단의 난(1290)[106]을 들 수 있다. 이를 토벌하려고 고려와 원나라의 장군들이 많이 집결하여 장군평이라는 이름이 붙었다는 목천면 동평리 장군평 지명 유래[107]는 역사의 실상과 일치된다. 당시 이곳이 전략적으로 중요한 위치에 있었음을 짐작케 한다. 이곳에 집결한 원나라군과 고려의 삼군(三軍)이 밤에 진군하여 조치원 병마산에서 적군을 습격함으로써 대패시켰던 일은 이를 입증하는 하나의 사례이다. 그러나 목천 일대에서 직접 전투를 벌인 것은 아니었으므로 이 일이 이 지역 일대

---

105) 고려가 나라를 세운 뒤 이곳 사람이 여러 번 배반한 것을 미워하여 그 고을 사람들에게 짐승이름으로 사성(賜姓)했다는 기록이나 ≪동국여지승람≫ <직산현>), 상씨의 시조 국진(國珍)이 尙王山[학성산]에서 웅거하며 누차 후백제의 국권 회복을 위하여 항쟁하므로 고려에서 그의 성을 상(象)으로 바꿨으나, 그 후 그의 아들 득유(得儒)가 1060년 최충이 설치한 대빙재(待聘齋)의 학사가 됨으로부터 향역을 면제하고 상(尙)씨를 회복시켰던 일(≪한국인의 족보≫, 일신각, 1982, 579쪽) 등이 그 예이다.
106) 원나라 세조때 반적의 무리가 원나라 군대에 패하자 고려로 내침한 사건. 내안(乃顔)의 무리에 속한 합단(哈丹)이 주모자였다.
107) 고려군과 원나라 원군이 이곳에 많이 집결하여 장군평이라고 했다고 한다. (≪천안의 땅이름 이야기≫, 115쪽 참조).

를 긴장시키기는 했겠지만 위례산성에 대하여 별다른 영향을 미치지는 않았을 것으로 이해된다. 이어서, 조선조에 위례성 주변에 영향을 미쳤을 법한 역사적 사건들로서 임진왜란, 이인좌난(1728), 남응중(1810－1836)의 혁명 미수(1836), 병인박해(1866－71), 청일전쟁(1894－1895) 등을 들 수 있는데, 이 가운데 이인좌란·남응중의 거사·병인박해 사건이 위례성이나 그 부근 지점과 어느 정도의 관련을 맺고 있다고 할 수 있다. 이인좌난 때 연춘리 남쪽에서 상여가 자주 부수문이고개로 넘어갔는데 그것이 실제는 총이었다고 한다. 남의 눈을 피하고자 천안쪽을 피하여 외진 이곳을 진격로의 하나로 이용했던 것임을 말해준다. 남응중은 이 산성에서 가까운 곡간리에서 무기와 화약을 제조했다고 한다. 당시 곡간리에서 가까운 부소문이고개와 엽돈재가 그의 거사 모의를 위한 중요한 교통로로 이용되었을 것이다. 위례산 인근이 오지인 데에다 안성을 통하여 한양으로 진격하기에 적절한 조건을 고려한 결과였을 것이다. 병인박해때 위례산 남쪽 우물목 고개에서 여러 명의 천주교 신자가 잡혀 순교했다고 한다.108) 아마도 신유박해(1801)와 기해박해(1839)를 거치면서 오지를 찾아 피신하여 살다가 결국 화를 입은 것임이 분명해 보인다. 결국 조선후기에 있었던 이들 사건들은 모두 위례산이나 그 주변지역이 남의 눈에 잘 띄지 않는 오지라는 특징을 이용하여 발생된 일들임이 공통이다. 그러나 어느 경우도 이곳 산이나 성에서 전투를 벌인 것은 아니었고, 이곳의 중요한 기능인 전선의 역할과는 이미 거리가 먼 시대의 사건들이라 할 수 있다.

　　개별 시대에 따른 영향력의 차이를 보이기는 했겠지만, 이들 (1)~(6)의 각 단계는 모두 위례성 인근 지역에 전쟁이나 그에 준하는 상황을 공통적으로 체험케 했다. 그리고 이러한 지속적인 체험이 이곳 일대에서

---

108) 북면 납안리 사리목에 사는 최병기(남·79)에 의하면 병인박해 때 자신의 조상이 이곳 사리목 골짝에서 5명이 순교했으며, 죽산에서도 3명이 순교했다고 한다 (2003. 2. 25 면담).

전쟁을 소재로 한 전설을 발생시키기에 적합한 기반을 이루어 주었다고 할 수 있으며, 우리는 이점을 우선 이 지역이 지닌 지정학적 특징에 의한 공통적인 역사체험임을 유의할 필요가 있다. 그러나, 이들 가운데 지금까지 전설로서의 독자적 시대성을 분명히 보여주는 것은 위 (3)과 (4)이다. 이것은 일차적으로는 이들 시대가 이 지역에서 영향력을 강하게 미쳤기 때문일 것이다. 그리고 일정부분은 종전의 역사나 역사전설이 후대의 더욱 영향력이 있는 역사 속에 흡인되어 버린 결과라고도 할 수 있을 것이다. 영향력이 더 강한 특정 인물이나 사건이 영향력이 약한 이전 시대나 이후 시대의 유사 인물담이나 사건담을 흡인하여 고유 일화처럼 전승되는 일은 전설의 전승과정에서 흔히 만나게 되는 일반적인 현상이다.

그런데 자세히 보면 이들 가운데 (4)가 좀더 '사실'로서의 전승력이 강한 데에 반하여 (3)은 '전설'로서의 전승력이 더 강하게 나타나고 있는 차이를 보여준다. (4)는 역사적 영향력도 강하고 지속적이었으며, 더하여 상대적으로 좀더 후대성을 띠기 때문이라면, (3)은 영향력은 강했지만 상대적으로 시대성 면에서 더 고대성을 띠고 있기 때문이라 할 수 있다. 왕건과 직접 관련성이 있는 데에다 이곳을 거점으로 남진 전쟁을 수행한 결과 곧바로 고려의 완전통일을 이룬 것이 고려조였다. 그만큼 역사적 영향력이 크고도 지속적이었으며, 이로 인해 태조봉(太祖峰)을 중심으로 한 남북 쪽 일대에 왕건과 관련된 여러 지명을 낳았다. 이런 점으로 하여 허구적 전설보다는 오히려 사실을 객관적으로 인식하여 지명으로 전하려는 관심이 우세한 결과가 곧 (4)라고 할 수 있다. 한편, 백제가 위례성을 지배했던 시대는 이 지역에서 고려와 후백제가 투쟁을 벌이던 시기에 비하여 훨씬 오래 지속되었다. 그러므로 백제가 이곳을 빼앗겼을 때의 충격과, 그로 인한 전설적 영향력은 고려조의 그것에 비하여 더 클 수밖에 없었다고 할 수 있다. 바로 이러한 충격의 강도가 지명전승이 강한 고려조에 비교했을 때 전설전승이 강한 백제시대와의 차이를 말해주는 것이라 할 수 있다. 전설의 전승지점을 보아도 이런 차이가 드러난다. 고려시대인 (4)에 해당하는 것은 전승지역이 위례산의 남쪽에 있는 성거산을 기준으로 하여 그 남쪽 일대로 치우쳐 있다. 위례산의 고유성을 중시하면 고려 왕건 전설은 위례산 전설과는 구분된다. 왕건 전설은 표층에 불과한 반면 위례산과 위례성은 그것대로의 지리적 조건과 역사성, 그리고 그에 따른 고유 기능을 지니고 있기 때문이다.

결과적으로, 지정학적 관계를 통하여 볼 때 위례산성을 포함하여 그 남쪽 일대(목천면·북면·병천면·동면)는 전쟁상황이 아주 오래 전부터 지속적으로 영향을 주었으며 위례성은 지리적으로 뿐만 아니라 역사적으로도 그 중심점을 이루고 있었던 셈이다. 그러나 지명으로 볼 때 크게 볼 때 대략 같은 지역성을 띤다 해도, 천안에 가까운 태조봉 일대와는

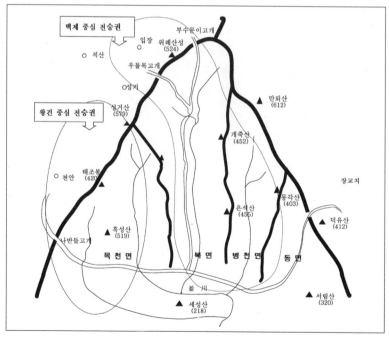

【도면 13】 위례산성 주변 지형 및 전설 전승도

달리 위례성 쪽에는 대략 백제때의 시대성을 주로 반영하고 있으며, 지명을 넘어 전설을 보면 더욱 그런 성격을 강하게 보여주고 있다. 이런 결과는 위례성 전설의 시대성과 의의를 이해하는 데에 기초적이면서도 중요한 단서를 제공해준다.

3. 지명에 나타난 역사인물과 역사상황

같은 지역, 같은 역사적 사건의 영향이라 해도 고려 왕건 중심의 영향과 삼국시대 중심의 영향이 다르다는 것을 확인하였다. 그렇다면 다음으로, 이곳의 여러 지명들은 구체적으로 백제 역사의 어느 시대를, 어떠한 상황으로 반영해 보이고 있는지를 알아보기로 한다. 전설을 보기에 앞서, 역사를 비교적 단순하면서도 사실적으로 반영하는 '지명'을 통하여 우선 이 문제를 살펴보자는 것이다.

위례성과의 관련성을 전하는 지명과 전설은 크게 두 가지로 나뉘고 있음을 보여준다. 온조왕과 의자왕이 그것이다. 왕의 이름이 불분명하게 전승되는 것도 있으나 이런 경우는 두 인물의 주된 전설 전승권－온조는 북쪽, 의자왕은 남쪽－을 고려하여 둘 가운데 어느 하나로 귀속시켜 이해할 수 있다.

(1) 온조왕묘

직산고을 동북쪽 3리에 있다, 세조11년에 비로소 묘를 세웠고 춘추로 향과 축문을 내려 제사지내게 했다.(《동국여지승람》)

지금의 직산면 군동리 산 8-3에 있었고 정유재란 때 소실되었다 하며, 그 뒤에 당집을 지어 제를 드려 왔으나 이것도 6.25 동란 때 미군들이 헐었다. 그 뒤에도 불교신자가 일시 당을 짓기도 했다.(《천안의 땅 이름 이야기》)

【사진 29】 '溫祚廟'가 있었던 것으로 추정되는 지점(직산면 판정리 산직촌)

【사진 30】 남산에서 바라본 직산고을 일대

(2) 제원정(濟源亭)

직산면 군서리에 조선초까지 있었다 하며, 서거정(徐居正)이 이를 백제의 발원지라는 뜻[濟源]으로 해석했다.(≪동국여지승람≫)

(3) 지질캥이

성환읍 수향리의 으뜸 마을로 지족향(知足鄕), 또는 지족향리라고도 쓴다. 현 북쪽 십 오리에 지족향이 있었다고 하며, 전하는 말로 향교자리가 관청자리가 아닌가 여겨진다고 한다. 백제 때 재상들이 물러나 이곳에 거주하면서 '이만하면 족하다'는 뜻으로 마을 이름을 지었다고 한다. (≪직산현지≫)

(4) 도하리

성환읍 도하리. 지형이 또아리 같다 하여 붙은 이름이라고도 하고, 궁(宮)이나 도(都)자가 있는 지명이 있는 것으로 보아 마한시대 도읍지라고 보기도 한다. (≪천안의 땅이름 이야기≫)

(5) 구시랑이

입장면 시장리 도장골 서쪽에 있는 골짜기. 백제 때 시랑 아홉 명이 이곳에 살았다 한다. 백제때 구실향(救實鄕)이 있었다고도 하며, 지금도 기와조각이 발견된다.(≪한국지명총람≫[109])

(6) 도장골

입장면 시장리에서 가장 큰 마을로 예전에 이곳에 도장(道場)을 베풀고 무술을 연습했다고 한다.(≪한국지명총람≫)

---

[109] ≪한국지명총람 4≫ (충청편 하) <천원군>을 말함. 이하 같음.

(7) 붉으물

입장면 용정리의 으뜸 마을을 붉으머리라고 부르며, 이 마을에 있는 큰 우물이다. 물맛이 아주 좋아 백제 때 나라에서 쓰는 샘으로 삼고자 샘둘레를 쇠로 둘렀다고 한다.(≪한국지명총람≫)

【사진 31】 옛날 궁중에서 쓰던 우물이 있었다는 곳(입장면 용정리 붉으머리)

(8) 만홋들

성거읍 모시울 앞에 있는 큰 들. 삼한 시대에 만호(万戶)가 살았다고 한다.(≪한국지명총람≫)

(9) 장생이

북면 운용리 군단이 서북쪽 골짝에 있는 작은 마을. 백제 때 시장이

섰었다고 한다.(≪한국지명총람≫)

장승이 있었다는 설도 있다.(≪천안의 땅이름 이야기≫)

(10) 군단이

북면 운용리에 있는 작은 마을로 백제 때 이곳에 군대가 주둔했다 한다.(≪한국지명총람≫)

(11) 부소문이고개

북면 운용리에 있다. 보스머니고개 또는 서낭당이 고개라고도 한다. 백제 때 온조왕이 위례성에 도읍하였을 때 이곳에 문을 세웠다 한다.(≪한국지명총람≫)

(12) 곡간리

북면 대양리의 마을. 온조왕이 위례성에서 도읍할 당시 곡식을 쌓아 두었던 곡간이었다 한다.(≪천안의 땅이름 이야기≫)

(13) 깊은골

북면 운용리 부소문이고개 동쪽 깊은 골짝으로, 전에는 작은 마을이 있었다. 골이 깊고 물이 좋아 전염병이 없었다고 한다. 온조왕이 처음에 이곳에 있었다고 한다.(≪천안의 땅이름 이야기≫)

(14) 구수바위

북면 운용리 위례성 내에 있는 구유처럼 생긴 바위. 백제 온조왕이 이곳에 도읍하였을 때 쓰던 것이라고 한다.(≪한국지명총람≫)

【사진 32】 위례성에 자리잡기 전에 임시로 거처했다고 전해지는 곳(북면 운
용리 '깊은 골')

(15) 대궐터

북면 운용리 위례성 안의 동북쪽 정상 부근 펀펀한 곳으로 옛날 이
곳에 대궐이 있었다고 한다.(≪천안의 땅이름 이야기≫)

(16) 돌무더기 무덤

북면 납안리 돌무더기로 된 무덤 수백 기가 있다. 위례성 전투에서
전사한 군인 무덤이라고 한다.(≪천안의 땅이름 이야기≫)

(17) 군량골

목천면 신계리 학골 너머에 있는 골짝으로 예전에 군량을 쌓아두었

다고 한다.(≪한국지명총람≫)

(18) 유왕골

목천면 덕전리 점말 북쪽에 있는 마을로 백제시조 온조가 위례성에 도읍을 정하고 봄여름이면 이곳에 와 머물면서 농사를 지었다고 한다. (≪大麓誌(1779)≫)

또는 왕건이 운주(홍성)지방 30여 성을 취하여 목주를 다스릴 때 태조산에 진을 치고 군량은 유량동에 두고 왕은 이곳에 머물렀다고 하여 유왕골이 유래되었다고도 한다.(≪한국지명총람≫, <유왕골 마을 유래 설명글>)

(19) 장군평

목천읍 남쪽에 있다. 전하기를 흑성산성을 쌓았을 때[110] 이 들에 대군을 주둔시켰다고 한다. (≪大麓誌≫)

또는 고려 충렬왕 합단(合丹)의 난(1290) 때 원군과 고려군이 많이 모여들어 이곳에 진을 쳤으므로 장군이 많이 모인 곳이라 하여 붙여진 이름이라고도 한다.(≪천안의 땅이름 이야기≫)

(20) 거대리(居垈里)

목천읍 세성(細城)에 있다. 고려때 읍터라고 말하는 사람이 있다.(≪大麓誌≫)

(21) 마당재

목천면 덕전리에서 송전리로 넘어가는 고개로 옛날 군사들이 훈련

---

110) 이는 삼국시대에 쌓은 것이라 한다.

140   위례산성

을 했다고 한다.(≪천안의 땅이름 이야기≫)

(22) 왕대

병천면 봉항리 봉암 북쪽에 있는 마을. 백제 때 왕이 이곳에 있었다고 한다.(≪천안의 땅이름 이야기≫)

(23) 희여기

병천면 매성리의 마을. 마을 뒤 골짝을 희여골이라고 한다. 백제 때 이곳에서 무술을 연마하고 기예를 닦았다고 한다.(≪천안의 땅이름 이야기≫)

(24) 북달안

병천면 관성리에 있는 지명. 예전에 이곳에 군대가 많이 주둔했었고

【사진 33】 백제 때 무술을 연마하고 기예를 닦았다는 희여기앞 들판(병천면 매성리 희여기)

이곳에 북을 매달고 쳤다고 한다. 김유신 장군이 쳤다고도 하고 백제군이 그랬다고도 한다.(≪천안의 땅이름 이야기≫)

【사진 34】 옛날 많은 군사가 주둔해 있으면서 훈련을 했다는 산등성과 북을 매달고 쳤다는 북달안(산 뒤쪽의 능선과 봉우리 일대 - 병천면 관성리)

(25) 훈련골

병천면 관성리에서 동면과 경계지점이 되는 곳으로 백제 때 군사들이 이곳에서 훈련을 했다고 한다.(≪천안의 땅이름 이야기≫)

(26) 둔터골

병천면 병천리에 있는 골짝. 예전에 군대가 주둔했다고 한다. (≪천안의 땅이름 이야기≫)

(27) 백정골

동면 구도리에 있는 골짝. 백제 때 서림산 산성의 병사들이 이곳에 주둔하고 있었다고 한다.(≪천안의 땅이름 이야기≫)

(28) 군량들

동면 동산리 삽다리 북쪽에 있는 마을. 구리성의 병사들이 이곳의 식량으로 주림을 면했다고 하며 옛날 군량을 쌓아둔 곳이었다고 한다. (≪천안의 땅이름 이야기≫)

이들 지명들을 주목할 때 다음 몇 가지 특징들이 정리된다. 먼저, 인물과 시대, 그리고 지역에 따라 구분할 때, 본문에서 본격적으로 노출

【사진 35】 옛날 백제 때 군량을 쌓아둔 곳으로 전해지는 군량들(동면 동산리)

【사진 36】 백제 패망 시 유민 2만 명이 피했다는 두만이(동면 광덕리)

시켜 다루지는 않았지만 고려시대의 왕건 관련 지명이 천안시와 목천면을 중심으로 활발하게 전승되고 있다는 점이다.[111] 천안이 왕건 관련 지명의 중심지가 되고 있음은 이곳이 후백제와의 접경지이자 고려의 남진 전쟁의 교두보 역할을 했던 점에서 당연한 결과라 할 수 있다. 더불어 목천면이 그와 비슷한 수준을 보여주고 있음은 이곳이 천안과 인접해

---

[111] 왕건 관련 지명과 전설은 이 글과 직접 관련이 없으므로 이를 본문 속에서는 거론하지 않았다. 이들만을 별도로 다룰 필요가 있다고 본다. 여기에서는 이들 지명의 전승 지점만을 일괄하여 간단히 소개해 두기로 한다.
성환읍 - - 율량리 군량골
직산면 - - 수헐리 수헐원터
풍세면 - - 남관리 남관
천안시 - - 원성동 고려태조묘 / 쌍룡동 중군산 / 청룡동 굴울 · 둔지동 / 신안동 유려왕사지 · 유량동 · 왕자산 · 장대산 · 마점산 / 부성동 달북재 목천면 - - 덕전리꼬꼬바위 · 도통골 · 도라지고개 · 마점 · 유왕골 · 용소 · 장흥 / 서흥리 와룡 / 교촌리 용연 / 동평리 군량골 있다는 점과 함께, 천안에서의 왕건의 영향이 실질적으로 이곳까지 미쳤기 때문으로 이해된다. 이곳에서 백제역사와 겹치는 지명은 한 곳-(18)번-에 그치고 있다. 온조왕이 위례성에 도읍한 뒤에 봄 여름에 유왕골에 와 농사를 지었다는 것인데, 이는 실제의 역사를 전하는 유래담이라기보다 온조왕의 지명적 영향력이 조선후기까지 이곳에 전승되어 왔음을 말해주는 것 이상의 의미가 없다고 이해된다.[112] 왕건의 영향 속에서도 이전의 지명유래담이 남아있었음을 말해주는 것으로 이해된다. 이곳 일대에서의 지명에 대한 영향은 위례성을 중심으로 한 것이 뿌리를 이루고 있었으나 왕건의 영향으로 그것이 거의 묻힌 것이다.

성거산을 남북을 긋는 축으로 할 때 서쪽이 왕건을 중심으로 한 지명이 압도적으로 많은 데에 비하여 동쪽에는 왕건과 관련된 지명은 거의 나타나지 않고 백제와의 관련성을 지닌 것이 중심을 이루고 있다. 이는 서부 쪽과는 뚜렷한 차이를 보이는 것으로 동부 쪽의 중요한 역사가 백제사를 중심으로 전개되어 왔음을 말해준다. 그리고 그 시기는, 뚜렷하게 나타나는 것은 아니지만, 대체로 온조왕의 존재가 공통적으로 부각되고 있되, 남쪽보다는 북쪽일수록 더 뚜렷하게 기억되고 있음을 보여준다.

그런데 같은 온조왕 시대를 반영하고 있지만, 그 구체적인 역사상황은 대략 위례성의 남쪽과 북쪽에 따라 달리 나타난다. 북쪽은 평시상황을 반영하고 있음[113]에 비하여 위례산성과, 그것을 기점으로 한 남쪽은 대부분이 전쟁이나, 혹은 그와 관련된 상황을 좀 짙게 반영하고 있다.[114] 온조왕이라는 공통분모만을 주목하면 이러한 차이는 별다른 의미가 없다고 이해할 수도 있을 것이다. 이들 지명들은 모두 온조왕-혹은 그로

---

112) 이곳 유왕골은 지형의 특징을 볼 때 위난시의 피난이나 임시 거처에 적지일 뿐 평상시의 거처로서는 결코 어울리는 곳이 아니다. 그런 점에서 위 지명 유래담은 실제로 고려 왕건과의 관련성이 높다고 이해된다.
113) 대략 (1)~(8)까지의 자료들을 이 예로 들 수 있다.
114) 대략 (10) 이후의 자료들은 이런 성격을 띤다.

대변되는 초기 백제의 통치자 – 의 정착과정과 더불어 그에 뒤따르기도 했었을 전쟁상황을 함께 반영하는 결과로 볼 수 있겠다는 것이다. 그러나 이는 그렇게 속단할 문제가 아니라고 이해된다. 지명만을 보면 그렇게도 보이기도 하지만, 그러나 이것이 구비전승(口碑伝承)의 전체는 모습은 아니라는 점을 유의할 필요가 있다. 전승의 좀더 두꺼운 층을 보아야 하며, 이를 위해서는 위례성 주변의 지명 유래를 좀더 세밀히 살피고, 지명보다 더 강하게 전승되고 있는 역사전설들이 백제말기를 반영하고 있는 현상을 함께 주목하는 것이 필요하다.

이와 관련, 필자는 이들 전설에 나타나는 전쟁상황이 위례성 본디의 역사상황이며, 이것이 바탕이 된 위에 후대 백제말기의 특수한 역사상황이 보태진 결과로 판단해야 한다고 본다. 위 지명 (13) (15)가 이를 이해하는 데에 참고가 된다. (13)은 위 성에 대궐터가 있었다고 한다. 이는 이 성이 유사시를 대비한 일시적인 피난을 위한 것만이 아닌, 왕실의 피난과 거주를 의도하여 대규모로 축성된 것임을 알게 한다. 그리고 (15)는 온조왕이 위례성에 거주하기 전에 그 옆의 '깊은 골'에 있었다고 한다. 이는 곧 위례성이 축성될 때의 정세가 비상한 상황이었음을 암시해준다. 성을 쌓을 때에 임금은 이 산으로 도피하거나 피난한 것이며, 성이 쌓이기에 앞서 가장 안전한 임시거처로서 '깊은 골'을 택하여 일정기간 거주했던 것으로 보이는 것이다.

위례성 남쪽의 여러 지명을 보아도 전쟁상황과의 관련성을 짙게 보여주고 있다. 가깝게는 군대를 주둔시켰다는 군단이(10), 곡식을 쌓아두었다는 곡간리(12) 등의 지명이 있고, 멀리는 백제의 왕이 있었다거나 (22), 백제의 군사들이 훈련을 하거나 주둔했다는 지명들(22, 23, 24, 25, 27 등)이 여러 곳 남아 있다. 이로써 보면 온조왕과 위례성과의 역사적 관련성이 전쟁상황이었을 것임을 알게 한다.

그런데 지명에서 더 나아가 위례성에 대한 '전설'을 보면 역사의 배경이 대부분 백제 말기로 설정되고 있다. 그리고 역사의 주체도 온조가 아닌 의자왕으로 나타나고 있다. 이것은 백제역사의 또 다른 일면을 보여주는 것이라 이해된다. 의자왕과의 관련성을 지녔다면 그것은 필연코 전쟁상황일 수밖에 없었을 것이며, 따라서 현재 위례성과 그 남쪽 일대에 널리 확산되어 있는 전쟁관련 지명들은 이때의 시대상이 함께 겹쳐 있다고 보아야 할 것이다. 의자왕의 경우는 이곳과의 관련성이 단기간에 그쳤겠지만, 그 반면 전쟁패배의 충격과 망국 책임의 당사자라는 역사적 중요성으로 하여 전설로서의 증폭성이 컸기 때문에 역사 행적의 전설적 영향은 작은 반면, 전설의 형성력을 크게 발휘된 결과 이런 모습을 보여주게 된 것으로 보아야 할 것으로 이해된다.

4. 전설속의 시대배경으로 본 실제 사실의 추정

지명은 역사를 사실적이고 단편적으로 전하고 설명적으로 반영한다면 전설은 사실을 선택적으로 관심 갖고 집중적으로 표현한다. 위에서 위례성 관련 지명들은 초기 백제시대와 함께 말기 시대를 함께 비교적 골고루 반영하고 있지만, 전설일수록 백제 후기의 역사를 강하게 반영하고 있음을 확인했다. 이는 곧 역사사실의 중요성으로서나, 사실이 미친 영향 면에서나 백제 말기의 역사현실이 위례성 전설의 관심을 끌고 더 밀착될 수밖에 없는 이유와 매력이 있음을 뜻하는 것이다. 그렇다면 이제, 바로 위 전설 속에 나타난 역사가 실제 역사와 부합되는지, 그것이 그처럼 위 전설의 배경이 되었던 이유는 무엇인지를 살펴보는 일이 필요하다.

위례성 관련 전설 가운데에는 역사의 주인공이 의자왕이 아닌 경우 -온조왕, ([자료 1])-도 보인다. 이로써 보면 위 전설 속의 역사는 의자왕 때가 아닌 것처럼 여겨지기도 한다. 의자왕이란 이름이 실제 역사가 아니고 전시대의 역사에 뒷시대의 인물인 의자왕이 흡인된 것이 아닌가 볼 수도 있을 것이다. 그러나 두 가지 이유에서 그렇게 볼 수 없다고 본다. 첫째는 임금이 낮에는 왕, 밤에는 용이 되어 통치했다는 '인용변신담(人龍変身譚)' 화소는 이미 부여 지역에 일반화되어 전승되던 것이란 점이다. 인용변신, 혹은 수중용(水中龍) 화소는 부여의 조룡대전설(釣龍台伝説)을 구성하는 중요한 화소이다. 백제임금이 수중용으로서 파도를 쳐 소정방이 도성으로 진격하지 못했는데 백마를 미끼로 하여 낚은 뒤에 가능할 수 있었으며 용을 낚은 곳이어서 조룡대라고 했다는 것이다. 이 인용변신 화소는 의자왕 시대─혹은 무왕대까지를 포함하여─무렵에 발단된 것으로 여겨진다. 그 당시의 백제는 국세가 한껏 상승하던 시기로 정복전쟁을 왕성하게 펼쳐나갔던 무렵이었다. 정복군주로서의 위엄을 드날리던 때였던 만큼 황제(皇帝)로 칭해질 만한 여건도 되었을 것으로 보인다. [자료 17]에서 위례성 당시의 백제임금을 황제로 말하고 있음은 이런 시대배경과 전혀 무관한 것이라고 보기 어려울 듯하다. 무왕(武王)의 탄생전설도 이러한 배경과 연관지어 이해할 필요가 있다. 무왕이 지룡

【사진 37】 위례산성 북사면과 그에 인접한 '용샘'

(池龍)과의 접촉에 의하여 탄생했다는 이야기나, 연못을 메워 미륵사를 창건하고 건물 아래에 용의 출입을 뜻하는 수로를 냈던 사실을 유의하면 무왕은 용, 혹은 수중용을 상징했던 것으로 여겨진다. 무왕 무렵에 형성된 수중용 관념은 자연스럽게 의자왕 때까지도 지속되어 나갔을 것이다. 이처럼 수중용 화소는 백제 말기 시대의 소산이라 보이며 이것이 위례성 전설에까지 나타나고 있음은 이 시기에 부여로부터 영향을 받은 결과로 이해하는 것이 합리적일 것임을 말해 준다.

두 번째로, 이런 사실을 주목하면서 백제의 전반부 시기를 통하여 이곳에 가장 큰 영향을 미친 역사적 사건은 무엇보다도 의자왕에 의한 백제의 패망사실이라는 점이다. 이에 대한 이해를 위하여 이곳 위례성에서 있었던 중요한 사건을 정리해보기로 한다. 현재의 위례성으로 추정되는 바 삼국시대의 도살성(道薩城)에 큰 영향을 준 사건은 두 번 있었다. 기록을 정리하면 다음과 같다.

(1) 신라 진흥왕 11년(550) 1월에 백제가 고구려의 도살성[115]을 쳐서 빼앗고 3월에는 고구려가 백제의 금현성(金峴城)[116]을 함락했다. 이에 왕은 두 나라 군사가 피로한 틈을 타 이찬 이사부(異斯夫)로 하여금 군사를 내어 이들을 쳐서 두 곳 성을 빼앗고 성을 증축하고 무사 천 명을 머물러 두고 지키게 하였다.

(2) 진덕왕 3년(649) 8월 백제의 장군 은상(殷相)이 무리를 이끌고 와 석토(石吐) 등 일곱 곳 성을 빼앗았다. 왕이 대장군 유신과 더불어 장군 진춘(陳春) 죽지(竹旨) 천존(天存) 등을 명하여 나아가 막게 했다. 일전일퇴를 거듭하면서 십여 일이 되도록 적군이 물러나지를 않았다. 이에 군

---

115) 이병도는 이 성을 천안에 있었던 것이라고만 언급하고 있다. 그러나 본문 속에서 언급되겠지만, 이것이 곧 위례성이라고 여겨진다.
116) 이병도는 이 성을 전의에 있었던 것으로 비정하고 있다. ≪국역 삼국사기≫, 을유문화사, 1984(6판), 57쪽

사를 이끌고 도살성 밑에 진을 치고는 유신이 군중에게 말했다. "오늘은 반드시 백제 사람이 와서 간첩질을 할 것이니 너희들은 짐짓 모르는 것처럼 말을 걸지 마라." 또한 사람을 시켜 군중 속에서 "굳건한 적군의 성이 요지부동이니 내일 구원병을 기다려서 결전을 한다네."라 외고 다니게 했다. 간첩이 이를 듣고 돌아가 은상에게 보고하니 은상 등이 말하기를 "적군 수가 반드시 늘어날 것이다." 라며 의심치 않았다. 이때 유신 등은 백제군을 진격, 대파시켜 장사 백 명을 죽이거나 사로잡고, 군졸 팔천 구백 팔십 명을 죽였으며, 전마 만여 필을 얻었고 병기류는 이루 셀 수도 없을 정도였다.

위 두 기록은 위례성에서의 전투가 백여 년을 사이에 두고 두 차례에 걸쳐 크게 벌어졌던 사실을 보고해준다. 그런데 현재 위례성 전설의 주인공이 의자왕으로 나타나고 있음을 보면 두 번의 전투 가운데 전설 속의 배경이 되고 있는 시대는 후자임이 분명해 보인다. (1)의 경우도, 그리고 혹은 그보다도 더 전시대 – 온조왕으로 기억되듯 – 의 어떤 사건117)이 여기에 미쳤을 영향도 전혀 부정할 수는 없지만, 그러나 직접적이고 주된 영향을 준 것은 (2)이다. 무엇보다도 그것은 전설에서의 시대 배경이 '의자왕 말기'를 배경으로 하여 표현되고 있음이 말해준다. 그리고 전설 속에서 위례성 쪽이 패배한 것으로 묘사되고 있는데118) 이것도 위 실제 패전기록과 합치되는 점이다. 이러한 전설적 표현과 역사의 일치 현상은 지명을 통하여서도 뒷받침된다. 다름 아닌 부여 도성의 지명들과 똑같은 것이 발견되고 있는 점인데, '부소문이고개'나 '희여터' 같은 지명이 그것이다. 부수문이는 부소문, 즉 '부소산의 문'이라는 말이다.

---

117) [자료 9]에 "백제가 조금 도읍하다가 바로 갔다고 했다"는 말이 있음이나, [자료 12]에 "도읍이 아니고 그에 저 이북 어디서 백제가 쬐겨 내려와서 거와 진을 쳤다는 겨"와 표현이 이러한 예를 보여주는 것으로 볼 수 있다.

118) 이처럼 위례성 쪽이 패해서 울었대서 울애산이고 건너편의 성거산은 승리했대서 승거산으로 불렸다는 것이 지명유래담이 되고 있다.

이는 '부소산에 이르는 문', 또는 '부소산을 넘는 문'이라는 뜻일 것이다. 부소산이 부여 도성 뒷산임을 고려하면 이는 부여의 강한 영향을 입은 결과일 것이다. 그렇다면 부소문이고개 옆에 있는 산, 즉 위례산성이 있는 산은 그 당시 곧 '부소산'으로 불리지 않았나 추정된다. 산 이름이 먼저 있고 그로 인해 부소문이고개라는 이름도 파생되었을 것이기 때문이다. 이는 위 성이 정치·전략적으로 부여와 깊은 연관성을 지니지 못했다면 불가능한 일이었을 것이다. 이를 뒷받침하는 또 다른 자료가 '희여기'라는 지명이다. 이는 부여읍 현북리의 '희여대'와 일치하는 것으로, 희여터는 임금이 군사를 지휘하는 곳이라는 뜻의 휘어대(揮御台)로 풀이하고 있어 위 '희여기'도 이와 동일한 유래를 지닌 지명으로 이해된다. 이곳이 군사훈련을 했던 곳이라는 위 지명유래도 이 지역 일대가 부여와의 깊은 연관성을 갖고 있었을 것임을 보여주는 증거가 되는 셈이다.

그러므로 전설을 통한 위와 같은 역사배경의 설정은 전시대의 역사사실이 의자왕의 이름을 흡인(吸引)한 결과가 아니라, 오히려 의자왕대의 역사사실이 전시대의 역사사실을 덮어버린 결과일 가능성이 크다. 전설에서 의자왕이 13세 때에 이곳에 와서 도를 닦고 임금이 되었다는 내용이 있음이나[119], 의자왕이 이곳에 와서 7일간 단식을 했다는 내용도 있음[120]을 보아 평소 이곳과 의자왕은 실질적으로 깊은 관련을 맺고 있었음을 알 수 있다. 이러한 관련성이 있었던 데에다 위 전투에서의 패배로부터 불과 십여 년 뒤에 백제의 멸망이 이어졌기에, 전설에서의 주인공은 현장의 주인공인 은상(殷相)이 묻히고 의자왕으로 바뀌었을 것이며, 그러다 보니 현장감 있는 전쟁 상황의 묘사보다도 '임금'의 존재가 신비스럽게 묘사되는 일면, 멸망을 초래한 임금으로서의 '패배' 사실이 암시적으로 표현되어 전설의 주된 줄거리를 이루었던 것으로 이해된다.

그렇다면, 여기에서 위례성 전설은 역사기록을 통하여 그 역사사실

---

119) [자료 5]가 그 예이다.
120) [자료 8]이 그 예이다.

로서의 실제성의 기반이 확보되는 것이지만, 반대로 이런 결과는 전설을 통한 역사기록의 모호성이 실증성을 더하는 결과이기도 하다. 전설이 역사를 보완해 주는 적절한 예가 되는 셈이다. 기록으로 볼 때 도살성은 백제사의 최후기에 가장 치열한 대결을 벌인 곳임이 드러난다. 그렇다면 이곳이 지금의 위례성이 아니고 달리 어디이겠는가? 역사기록은 지명의 차이 하나로 하여 결정적인 증거력을 얻지 못하고 있지만, 바로 현지에서 구전되는 전설이 그 잃어버린 증거가 되어주고 있음을 여기에서 보게 된다.[121] 의자왕이라는 이름이 그렇고, 백제가 패배한 것으로 그린 것이 그러하며, 의자왕이 신이한 방법으로 부여와 긴밀한 유대를 지니고 있었다는 점이 그렇다. 이들 역사 배경과 허구적 표현들을 종합할 때 전설의 내용은 고도의 암시적이고 추상화된 표현을 보이고 있지만, 위례성 전설은 백제 최후기 의자왕의 처절한 대결과 패배상을 묘사해 보이고 있다고 할 수 있다. 역사적 사건으로서의 파장과 영향이 그만큼 컸기 때문이라 할 수 있다.

5. 전설표현으로 강조된 역사의 모습과 역사의식

위에서 지명과 전설을 통하여 위례산성과 관련된 실제 사실로서의 역사 찾기에 주력하여 몇 가지 중요한 점을 밝혔다. 이제 여기에서는 전설로 표현된 이야기로서의 내용을 주목하여 백제사의 또 다른 이면과 거기에 담긴 역사의식을 살펴보기로 한다. 전설은 집단 공통의 주관적 상상을 표현한 것이되 표현의 기반이 되는 일정한 역사사실에 대하여 전설 전승집단의 기호와 비판의식을 드러내고 담아내는 방향으로 실현된다. 주관적 표현을 지향하므로 특정 요소가 과장되어 표현되기도 하고 새로운 내용이 창조되기도 한다. 그리고 이러한 표현이 사실임을 강조하

---

121) 그렇다면 종래 막연하게만 비정했던 도살성의 위치를 위례성으로 보아야 할 필요성이 한층 높아진 셈이다.

기 위하여 의례 증거 요소가 끌어들여지곤 한다. 자연히 전설에는 과장과 왜곡, 그리고 허구가 개입되지만, 그런 만큼 그 속에는 의식이 가미된 사실과 역사가 존재한다.

위례성 전설은 이 글의 자료 편에 수록한 데에서 보듯 화자에 따라 내용과 길이 면에서 많은 차이를 보여주고 있다. 따라서 자료 모두를 고르게 주목하여 다루기가 어려우므로 이들을 종합하여 하나의 인물담으로 묶되, 작은 화소[모티프]별로 나누어 단계를 나누어 정리하는 것이 이해에 도움이 될 듯하다.

(1) 위례성에서의 수도(修道)와 무술 연마

· 의자왕이 열 세 살 때 이곳에 와 도를 닦음(자료 5)
· 의자왕이 이곳에 와 7일간 단식을 하며 지냄(자료 8)
· 의자왕이 이곳에서 활쏘기 연습을 함. 그때 활 쏘는 연습을 했다 하여 '사장골'이 됨 (자료 8)

(2) 용이 되어 용샘으로 부여와 왕래함

· 용샘을 통하여 밤이면 부여에 가서가 놀다 낮이면 위례성에 와 왕이 되어 정사를 봄(자료 1, 15, 17)
· 밤에는 위례성에 있고, 낮에는 부여에 가 있음(자료 4)
· 밤에는 서해바다에 가 구렁이가 되고 낮에는 위례성에서 투구 쓰고 전투를 함 (자료 5)
· 낮에는 바다에 가 고기가 되고 밤에는 새가 되어 샘에서 날아나 옴(자료 10)
· 샘을 통하여 중국 산동성까지 왕래함(자료 18)

(3) 사위와 공주의 모해

- 처남이 누이를 용과 함께 살게 할 수 없다 하여 낚시로 용으로 변신한 임금을 낚음(자료 5)
- 장인이 쏜 화살에 사위가 맞음(자료 6)
- 사위가 자신이 왕이 되려고 용으로 변신한 임금을 낚음. 그러나 처남과의 대결에서 매부가 져 뜻이 좌절됨(자료 15)

(4) 성거산 쪽과의 전투에서 패배함

- 성거산성 쪽의 말은 위례성 쪽으로 뛰어 건넜으나 위례성쪽의 말은 성거산성 쪽으로 뛰어 건너지 못하여 성거산성쪽이 승리하고 위례산성 쪽은 패배함(자료 11)
- 성거산 쪽이 승리했다 하여 승거산이고 위례산 쪽이 졌다고 하여 울애성이라 함(자료 3)
- 도술로 돌을 던졌으나 미치지 못함(자료 18)

(5) 물에 빠뜨려져 죽은 의자왕

- 타락한 의자왕을 위례성에서 부여로 옮겨 물에 빠뜨려 죽임(자료 16)

일반적으로 설화의 화소는 인상적이고 특이한 내용들로 이루어져 있고 그 자체로서 어느 정도의 독립성을 지니고 있다. 위 화소 (1)~(5)는 위 전설의 구전 과정에서 역사성과 표현성이 집약적으로 압축된 것이라 할 수 있고, 따라서 개별적으로든 전체적으로든 의자왕을 중심 인물로 한 위례성 전설의 전체 표현 세계를 거의 다 포괄하고 있다고 할 수 있다.122) 이들 각 화소의 표현양상을 잠시 살펴보기로 한다. (1)은 상당부

---

122) 이 외에도 오세창의 글에는 여기에서 참고한 것과는 다른 각편(version)이 두어 가지 더 실려 있음이 발견되는데, 그러나 구전을 떠나 윤색이 심하게 이루어진 것으

분 실제사실성을 띠고 있다고 여겨진다. 천안 동쪽의 몇 곳 산성 가운데에서도 두 곳의 고개를 점하고 있는 위례성은 전략상 가장 중요한 위치에 있다고 할 수 있고, 이에 따라 천안을 중심으로 한 남북과 동서를 잇는 요충으로서 이곳은 무왕이나 의자왕 당시에도 이미 전략적으로 중요하게 인정되었을 것임은 충분히 예상할 수 있는 일이다. 위 (1)은 이러한 중요성을 생생하게 입증하는 자료가 된다고 인정된다. 의자왕이 13세에 이곳에 와 도를 닦았다거나, 일곱 살 때 단식 치성을 드렸다는 내용은 오랜 인물전설치고 그 표현이 매우 사실적이고 구체적이어서 전설적 허구라기보다 실제사실에 매우 가까운 내용으로 여겨진다. 그렇다면 이는 구전역사의 생생한 사료가 되는 셈이다. 이런 전승 내용은 백제시대 왕자의 수련과정이나, 궁중 의례 혹은 종교성의 일단을 이해하는 데에도 유익한 단서를 제공해줄 수 있다는 점에서 그 의의가 크다고 하겠다.

(2)는 완전 허구성을 띠는 표현으로, 용우물이라는 오래된 민간사고에 토대를 두고 있다. 임금을 신성한 존재로 여기는 사고가 극한적으로 표현되고 그 능력을 한껏 강조하여 인식하려는 지역 민중들의 시각이 반영되어 있다. 당시대의 임금을 황제라고 칭했다거나[123], 임금이 서해를 넘어 산동성까지 왕래했다고까지 표현한 것이 그 예이다. 그러면서 이는 '용우물'의 일반화된 관념을 수용하되 위례성의 군사·정치적 중요성에 따라 백제의 수도인 부여와의 연관성을 깊이 지니고 있다는 점에 당시대의 역사성이 짙게 배어 있기도 하다. 이를 통하여 우리는 당시 호국용(護國龍) 관념이 부여 도성을 중심으로 해서만 유포된 것이 아니며 변방에까지도 전파되었던 것임을 짐작할 수 있다. 그리고 이는 백제 최말기 정치권력의 강화와 긴밀한 연관 속에서 출현된 것이라 이해할 수 있을 듯하다. 그렇게 볼 때 이는 대내적으로는 백제 왕권의 존엄성을 높이고 통치력을 강화하는 일면 대외적으로는 정복전쟁을 강력하게 추진

로 보여 여기에서는 인용 자료도 삼지 않았다.
123) [자료 18] 참조.

해나가는 데에 보이지 않는 이념적 장치가 되어주었을 것으로 보인다.

(3)은 허구성이 심하기는 하되 일정한 사실성을 반영하는 것으로 여겨진다. 공주와 사위가 공모하여 임금의 자리를 탐해 용이 된 왕을 낳았다는 표현은 이미 부여지역에서 널리 전승되는 것으로, 이것과 (2)와의 연결은 우물의 존재로 하여 자연스럽게 이루어질 수 있었을 것이다. 궁금한 문제는 이것이 어느 정도 사실과 부합되고 있는가 하는 점인데, 그러나 이러한 표현과 부합되는 역사기록을 찾기가 어렵다. 이는 의자왕 시대 가려진 사실의 중요한 일면을 보여주는 것일 가능성이 있다. 의자왕이 범한 실정으로서 아들 41명을 대거 요직에 배치한 것(즉위 17년)이나, 궁녀와 왕비의 정치 간여를 들 수 있는데, 위 사건은 이러한 정치적 실정 과정에서 크게 부각되지 않은 문제의 일면이 민중적 시각에서 관찰된 결과 비판적 시각이 크게 가해져 이와 같은 표현으로 드러난 것으로 해석할 수 있다.

(4)는 역사의 실제성과는 거리가 먼 표현이다. 여기에서 중요한 것은 표현의 구체성보다도 임금의 '패배'를 긍정하고 있는 점이다. 그러기 때문에 허구성을 지향하기보다 위례성의 지정학적 특징이 고려되어 단순하게, 그리고 암시적으로만 표현되고 있다.

(5)는 (4)의 뜻의 연장성을 띤다. 그러므로 이야기의 줄거리 면에서 보면 이 화소는 긴요한 것이 아니며 (4)를 부연하고 더욱 과장화하여 표현한 것이다. 내용이 사실성과도 많이 어긋나 있고 표현도 아주 생소하다. 이처럼 실제사실과의 유사성이 전혀 없는 무리한 방향에서 표현이 이루어진 것은 민중들의 비판적 역사의식이 반영된 결과일 것이다. 의자왕에 대한 극도의 반감이 이러한 표현을 낳았다고 여겨진다.

이상에서 살핀 5가지 주요 화소는 사실과 허구로서의 독립된 의미를 지니고 있지만, 위 전설 주제의 핵심을 파악하기 위해서는 이를 더 압축할 필요가 있다. (1)은 (2)를 위한 예비단계성을 띠며 (5)는 (4)의 부연이므로 이 두 화소를 줄여 다음과 같이 정리할 수 있다.

(2) 의자왕이 신성한 능력을 지닌 분이었으나

(3) 왕실 내분으로 하여

(4) 패배하고 말았다

이는 곧 전설로 인식된 의자왕의 인물상(人物像)을 요약한 것으로, 인물담을 구성하는 최소 요소들이 된다. 이들 요소는 일정부분 역사이기도 하면서 임금에 대한 민중들의 총체적인 평가이자 역사의식을 반영한 결과이기도 하다. 이것은 인물－행위－결과를 이루고 있어 이야기로서의 구성 면에서 볼 때에도 불가결의 요소를 이루고 있다. 의자왕이 본디 신이한 능력을 지닌 분이었음에도 왕실의 내분으로 망했다는 것이 내용의 핵심이다. 여기에서 기정 사실인 (4)는 전설 전승자들의 의식이 개입될 여지가 적은 것이라 해도, 허구적 표현의 폭이 큰 (2)와 (3), 특히 (3)에 개입된 의식은 중요하다. (2)로 보면 이 지역인들은 의자왕에 대한 인식이 긍정적이었던 것임을 알 수 있다. 백제말기 왕의 권위가 강화되고 정복전쟁을 확장해가던 무렵의 임금이 민중들에게 그렇게 비쳤을 것이다. 그처럼 훌륭하던 임금이 패한 원인론의 진단이 (3)인데 여기에 민중들의 역사의식이 더욱 강하게 배어 있다고 할 수 있다. 중요한 것은 이것이 정사(正史)에 없는 이야기라는 점이다. 이는 이 대목이 일면적으로 정사에는 빠진 객관적 역사의 일면을 드러내 보인 것이라고도 할 수도 있는 것이면서, 작은 문제이었을지도 모르는 이 문제가 민중들의 시각에서 관찰됨으로써 더욱 증폭되어 표현되었을 수도 있다는 점이다. 왕권의 약화나 임금의 실정을 궁실 내부 친인척의 비리와 관련지워 이해하는 쪽에서 예민한 반응을 보이는 것은 민중의 본질적인 취향이다.124) 그것을 과

---

124) 이는 오늘날의 경우를 통해서도 잘 이해될 수 있는 문제이다. 예컨대 노무현 대통령의 친형이 인사청탁을 받았다는 의혹이 제기되자(실제로 청탁이 실현된 것은 아니었음) 전국의 수많은 네티즌들이 일제히 이를 비판하는 의견을 띄웠는가 하면, 같은 논조로 유명 일간지들이 이를 앞다투어 다룬 일이 최근의 예가 된다(주요 일간지의 2003. 2월말~3월초 기사 참조).

장하고 폭로적으로 받아들이려는 것이 민중심리의 생리이다. 이미 말했듯 공주와 사위로서 임금을 해친 인물로 설정하여 표현한 것은 민중들의 그러한 심리가 가장 집약적이고 농축된 모습으로 실현된 것으로 이해할 수 있다. 위례성 전설에서 이 화소가 지니는 중요성이 바로 여기에 있다고 할 수 있다.

6. 맺음말

이상에서 논의한 내용을 순서에 따라 정리하여 결론을 맺기로 한다.

첫째, 지정학적으로 위례성 부근은 인접 지역의 남북 내지 동서를 잇는 유일한 교통로였고 이 때문에 이곳은 일찍부터 전략적 요충지로 중시되었을 것이다. 역사시대 이후 이 지역은 전쟁 체험을 지속적으로 입어 왔으며 멀게 볼 때 이런 체험들이 전쟁 중심의 역사전설을 쉽게 형성케 하는 토양을 이루어 왔다고 할 수 있다. 유사 이래 이곳에 대한 영향을 강하게 미친 것은 백제와 고려였다. 그러나 두 시대가 미친 영향은 영향의 권역과 강도 면에서 차이가 있었다. '전설'로서의 영향력은 백제시대가 더 강했다. 이는 백제가 이곳을 지배했던 기간이 길었던 점으로 이해할 수 있다.

둘째, 지명을 주목해볼 때 이 지역 일대에 미친 고려와 백제의 영향력의 차이가 잘 드러난다. 성거산을 종축으로 할 때 서쪽은 고려 초, 동쪽은 백제와 관련된 역사시기로 뚜렷이 구분된다. 또한, 위례성 북쪽일수록 온조왕 관련 지명이 많은 데 비하여 남쪽일수록 막연히 '백제' 정도로만 언급되고 있고, '전쟁' 상황과 관련된 경우가 많다. 이는 곧 온조왕과 관련된 지명이 추상적으로만 의식되는 정도에서 지명에 영향을 주고 있다면, 보다 실질적인 백제사의 영향이 이루어진 것은 심각한 전쟁시기, 즉 백제 최후기였을 가능성을 높여준다.

셋째, '전설'로서의 위례산성 이야기는 철저하게 백제 말기 의자왕을 시대배경으로 하고 있다. 인용변신(人龍變身) 화소나 '우물을 통한 부여 왕래' 화소, '공주와 사위의 임금 모해' 화소 등을 통하여 볼 때 위례산 성 주변의 전설은 부여에서 전승되는 것과 흡사하다. 이는 이곳 전설이 보이는 매우 중요한 특징으로서 주목된다. 이는 곧 백제 최후기에 부여 와 이곳이 아주 중요한 연관 관계에 있었을 것임을 강력하게 시사해준 다. 의자왕이 어린 나이에 위례산성에 와서 수도를 했다는 전설 속의 내 용이나, 위례산성 부근의 부소문이고개가 부여의 부소산을 뜻하는 것으 로 볼 수 있다는 점도 이런 가능성을 높여준다.

요컨대, 지명으로 볼 때 위례산 일대에는 먼 지점까지 보면 고려조 와 관련된 것도 있고 가까운 지점으로 보면 온조왕을 포함한 백제와 관 련된 것도 다수 있다. 이 가운데 위례성 관련 지명이 위례성 역사의 고 유성을 비교적 많이 간직한 것이라 할 수 있다. 그런데 단순한 지명을 넘어 전설을 보면 역사 반영의 범위가 더욱 좁아져 백제 최말기로 한정 되어 나타난다. 전설로 표현된 위례산성 역사의 중심은 백제 말기인 것 이다. 이는 위례산성 일대에 대한 역사적 관련성이 이 시기에 가장 강했 기 때문이 아니었나 짐작하게 한다. 동시에 백제멸망 전후기의 역사가 미친 파장이 워낙 컸기 때문에, 이곳만의 지역전설로서, 그리고 한정된 전승유형만을 이루어 지금까지 전승되어 온 것으로 이해된다. 전설로 보 는 이 지역 역사의 강조점은 백제 말기에 두어져 있는 것이다.

역사전설은 불확실한 사실을 일부 보완해주기도 하면서 새로운 사 실에 대한 이해의 필요성을 제기하기도 한다. 이 글에서 다룬 전설 내용 가운데 위례성과 백제 도성 부여와의 관련성이 강조되어 표현되고 있음 이 그 한 예이다. 이는 기록으로는 확인되지 않고 있는 부분이지만 정치 적 군사적으로 그럴만한 개연성은 충분히 있다고 여겨진다. 앞으로 더 밝혀져야 할 문제가 될 것이다.

【황인덕】

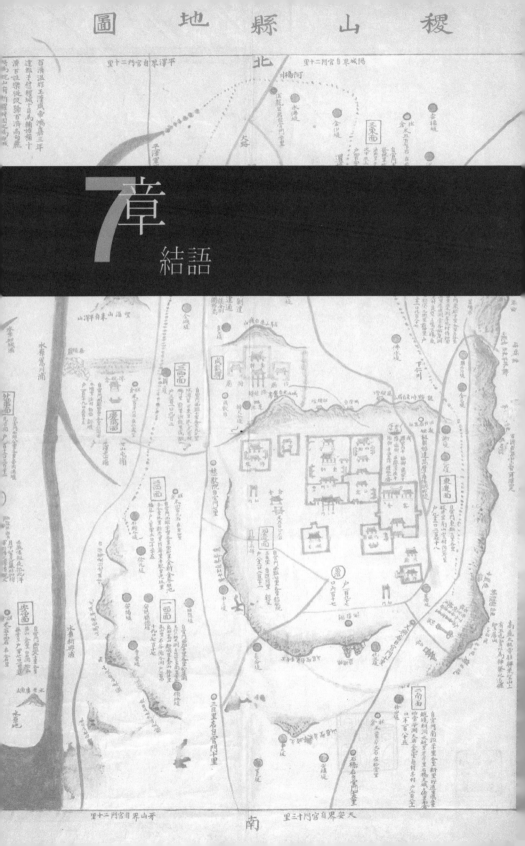

7章
結語

7章 結語

天安 위례산성은 一然이 『三國遺事』에서 처음으로 백제의 첫 도읍지인 "위례"로 비정한 이래 6-700년이라는 장구한 기간에 걸쳐 고려, 조선시대의 지식인 학자들의 관심을 모았던 유적이다. 그럼에도 불구하고 지금까지 관련 학계가 이 유적에 기울인 관심은 매우 부족하였던 것은 어찌 보면 매우 특이하다고 할 정도이다. 그러나 향토의 역사를 찾아서 가꾸려는 천안시 북면 주민 일동의 소중한 뜻이 계기가 되어 고고학, 문헌사학, 민속학 등 관련 분야가 공동으로 구체적 검토를 하기에 이르렀다. 그 결과를 요약하면 다음과 같다.

위례산성에 대한 두 차례의 발굴조사 및 주변 일대 및 산성내부에 대한 정밀 유적 확인조사 결과를 토대로 하여 위례산성의 변천과정을 살펴보면 크게 5시기로 구분 가능하다.

제 1단계는 기원후 4~5세기 전반경에 걸친 漢城期 百濟의 關防이 존재하던 시기이다. 이 무렵 관방시설의 구체적인 모습이나 규모는 기왕의 조사에서는 확인되지 않았으나, 토기류등의 유물의 존재로 보아 적어도 당시 이 산성이 위치한 지점이 점유 활용되었음은 분명하고, 그 경우 일상적인 생활의 근거지로 보기는 어려우므로 관방시설과 관련된 것으로 보는 것이다. 이와 같은 한성기 관방시설은 최근 여러 곳에서 점차 확인되고 있는데, 위례산성의 경우는 백제가 차령이남의 마한지역으로 영역을 확대하는 과정과 관련되었을 것이지만 이 단계의 정황을 엿볼 수 있는 문헌사료는 남아 있지 않다.

제 2단계는 대략 7세기대 사비기 백제의 관방시설과 관련되는 것으로서, 역시 지금까지 확인된 구체적인 시설물은 없다. 그러나『三國史記』등 문헌사료에는 당시 백제와 신라 사이에 전개되었던 각축 상황이 남아 있는데, 그러한 자료에 의하면 천안 지역은 6세기 중엽 한강유역을 둘러싼 삼국간의 공방이후 신라가 주도권을 잡으면서 이후 백제 멸망시까지 치열하게 전개되던 백제, 신라 양국간 대립이 상존하였던 국경지대에 해당되었음을 잘 알 수 있다.

위례산성은 그러한 당시의 상황을 잘 반영해주는 고고학자료로서 매우 중요하다. 그리고 이러한 당시의 대립상은 이 지역 일원에 남아 있는 說話나 傳說 등 民間傳承에도 잘 남아 있음이 금번조사를 통해 확인되었다. 위례산성을 둘러싼 천안일원에서 가장 두드러지게 확인되는 전설들은 대개 사비기 이후 백제 멸망시기와 관련되어 있었다.

제 3단계는 7세기 중엽이후 신라가 백제를 병합할 무렵에 해당된다. 이 단계 역시 아직 구체적인 관방시설은 확인되지 않았으나, 성내에서 출토되는 인화문토기 등의 신라토기의 존재로써 이곳이 관방으로 활용되었음은 알 수 있다. 그러나, 이 시기에만 관련된 문헌기록이나 전설은 별로 없다.

제 4단계는 9~10세기 경의 羅末麗初期 또는 後三國時代와 관련된 것으로서 현재 남아 있는 토축성이 이 무렵에 축조되었을 것으로 판단된다. 그리고 위례산성 주변 지역의 전설 등에는 이 단계의 상황과 관련된 것이 많으며, 특히 王建의 활약상과 관련된 지명이나 전승이 눈에 띈다.

제 5단계는 고려이후에 해당된다. 부분적으로 토축성을 석축으로 수즙한 것이 바로 이 단계와 관련된 것으로 판단된다. 문헌사료나 전승상으로 이 시기와 관련된 내용은 거의 남아 있지 않다.

한편, 위례성 또는 위례산성이라는 지명의 연원은 현재 확인 가능한 것으로는 朝鮮時代 前期 무렵까지 거슬러 올라간다. "위례"가 백제의 도성을 지칭하는 고유명사인 점을 감안할 때 그러한 지명 유래는 범상치 않음은 물론이다. 일연이 삼국유사에서 특별한 설명없이 백제의 초도지를 이곳 위례성으로 비정한 까닭 역시 궁금증을 더해주고 있으나 그에 대한 구체적인 접근의 길은 없다.

만약, 일연이 당시까지 전해오던 기존의 一說을 취신한 것이라면 茶山 정약용, 이병도, 그리고 신채호 등 선학들이 이미 해석한 바와 같이 한성 함락의 위기를 맞아 文周王이 남천 계획을 추진하던 중 이곳 천안 일대를 근거지로 하여 한성의 상황을 살피면서 웅진 천도를 단행하던 사연이나, 천안 일대가 마한의 맹주였던 目支國의 근거지였던 사실이 후일 잘 못 전승된 사정이나, 또는 396년 광개토왕의 한성 공략을 맞이하여 백제가 천안일대로 남천한 사실 등에서 유래한 전승이 고려시대까지 野史의 형태로 남아 있었을 수도 있다.

그러나 이러한 선학들의 해석과 앞서 정리한 고고학자료에 입각한 위례산성의 변천 내용을 대비해 볼 때 신채호의 해석인 396년 천도한 이른바 新慰禮城의 가능성은 거의 없으나, 다산과 이병도의 해석은 적어도 지금까지 알려진 고고학자료와 모순되지는 않는다.

아무튼, 현재로서는 위례산성의 역사적 성격을 구체화하기는 매우 어려우나 한성기 백제이래 이곳이 줄곧 관방으로 활용되어 온 점은 분명하며, 문헌사료나 전설상으로는 그 가운데 백제와 신라가 이 일대를 경계로 상호 각축하고 있던 무렵과 관련된 것이 가장 두드러진다는 점은 확인된다.

끝으로, 금번의 종합조사 연구를 마무리하면서 위례산성이 지닌 역사적 의의 및 그에 따른 향후 보존대책과 관련한 소견을 덧붙이고자 한다.

위례산성이 지니고 있는 의의는 이곳이 실제로 백제의 첫 도읍지인 위례성인가 아닌가라는 사실 관계보다는 이를 둘러싸고 전개되어 온 고려, 조선시대 등 전근대사학에서의 고대사인식의 역사 그 자체에 있다는 점이다. 현존하는 유적을 대상으로 이처럼 6~700년에 걸친 긴 세월 동안 다양한 해석이 가해진 경우는 없다. 이러한 점에서 위례산성이 지닌 傳統歷史地理學史的 또는 史學史的 의미는 매우 크다 할 것이다. 이러한 점만으로도 이 유적은 國家史蹟으로 정비, 관리될 가치를 지니고 있다.

다음으로는, 이 일대가 지니고 있는 지정학적인 위치에서 귀결되는 삼국시대 백제와 신라 사이에 전개되었던 공방의 역사무대로서의 실제적 의미이다. 특히, 웅진기 이래 남천한 백제의 북방 경계와 관련한 고고학자료로서 그 의의 역시 결코 적지 않기 때문이다. 이러한 실제적 자료 가치는 후삼국시대에도 그대로 적용됨은 물론이다.

고려, 조선시대를 걸친 전통사학에서 근대적인 사학에 이르기까지 많은 선학들의 관심이 집중되었던 이 유적을 오늘날 관심의 저편으로 되돌려서는 안될 것이다.

【박순발】

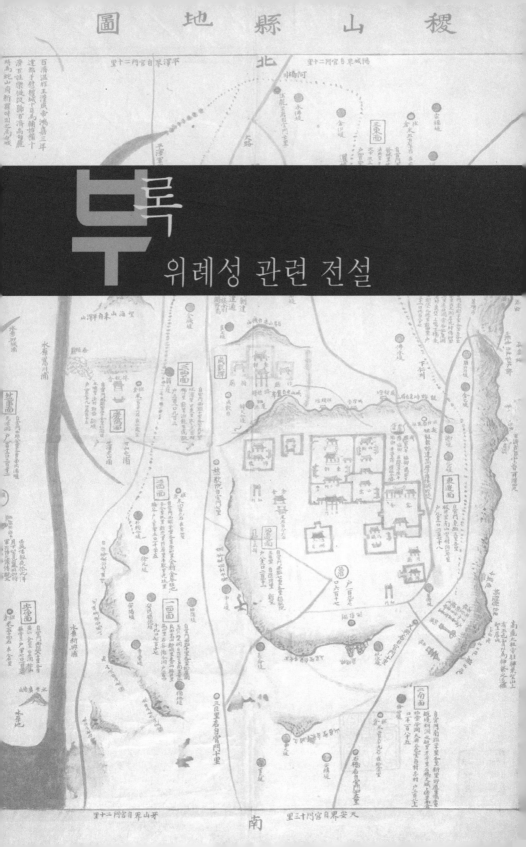

부록 위례성 관련 전설

[자료 1] 부여와 통한 위례성 우물

위례성 위에 있는 우물로 백제시조 온조왕이 밤이면 용이 되어 이 우물로 들어가서 부여 백마강에서 놀다가 날이 밝으면 도로 이 우물로 나와서 왕노릇을 하였다고 한다.

〈한국지명총람〉

[자료 2] 서해로 뚫린 위례산성 용샘

그 뭐, 저, 백제왕이 거기, 도읍터니 뭐니 이런 얘기가 있고… 승거산…에 대해서는 몰라. (청자: 그 '시아꼴' 말 하셔) 시아꼴? (청자: 응. 시아꼴이 거기 아녀? 시아꼴이.) 그 그 유래에 대해서 몰러. 노인네덜이 시아꼴이라구 하닝개 시아꼴인 줄 알구 그냥 이렇게, 그렁 걸 저기 했지…(중략)…(조사자: 그 '우래산'이구 그래요?) 응? 응. 위 례 산. (조사자:

위례산요?) 응. 그 대위(大尉)라구 하는, 그 군인 대위라구 하는 위. 그
위. 그러구 그 예돗예(礼)자, …그렇게덜 불릅디다. (조사자: 거기 우물이
있어요?) 우물이 있지. '용샘'이라구. (조사자: 그래 용이 살았대요?) 글쎄
뭐, 옛날에 저 뭐, 그 저기 서해루다가 굴이 뚫혔다구 이런 말두 있었는
데, 그거는 말이 안 될 테지. …(중략)… (조사자: 그럼 혹시 뭐 백제 임금
님이 뭐 부여에서 있다 여기에 와 있다 이렇게 얘기는 안 해요?) 응 있
어. 그런 말, 그 왔다 갔다 했다 그게여.

〈한영근(남·86) 입장면 시장리 자택. 2003. 2. 25. 오전〉

[자료 3] 용샘으로 왕래한 의자왕

아 여기 뭐 옛날에는, 어렸을 적에, 의자왕이 이 용이 돼서, 일루,
응? 들락날락 했다능 거지. 그린디 용샘이 익기는 있다구. 저어기 가 보
면 용샘이 익구 이런데… 이건 전설이구… (중략)… 승거산이서 승리했다
구 승거산이구 울었다구 울애산이라구 그랬댜.

〈한영수(남·69) 입장면 시장리 골목. 2003. 2. 25. 오전〉

[자료 4] 밤에는 위례성, 낮에는 부여에 가있는 백제왕

(조사자: 용이 살아서 서해, 부여 어디로 통한다는 이런…) 그런 얘
기두 더러 있지. 부여 백마강이 가서 놀았, 그 놀았다구. 그래, 그게, (조
사자: 용이요?) 응. 그래 그랬다구 그랬는디 그게 말이 통하지 않능 거지.
지끔에 와서. 옛날 양반덜이 그전에 있을 때, 우리는 어려서는 그런 말을
들었는데… (조사자: 용이 왔다 갔다 했다구요?) 누구 말마따나 뭐 밤에
는 여기 와 익구 낮에는 백마강에 가 있었다구. 그런 말두 있어요.

〈김학성(남·75) 입장면 호당리 호겨니 경로당. 2003. 2. 25. 오전〉

[자료 5] 의자왕이 지키며 부여로 왕래했던 위례산성

열 시 살 때 와서, 도 닦구, 으즈왕(의자왕)이 됐대. 그렇게 인제, 으즈왕이 됐지만, 지끔, 쉭게 말하면 옛날은 잉금이라구 하지만 서울왕 아녀? 쉭게 말하먼?

그 딸을, 혼인을 해서 했는디, 처남덜이 둘이 있는디, 가만히 보닝개, 낮에는(밤에는) 구링이가 돼서 서해바다를 넘치구 말이야, 헤치구(허엄쳐 다니고)? 낮에는 와서 투구를 쓰구 전쟁을 하구 이렇게 하니까.

"내 딸을 우리가 무심해서 내 동상을 군인하구, 저 구링이하구 살게 둘 수 읎다. 뱀하구 살게 둘 수 읎다. 이눔을 쥑이야 한다."

그래 낚시군을 풀어놔서는 낚시를 해서 쥑였댜.

명지꾸리 하나가 용샴이서, 명지꾸리 하나를 다 풀어두 서해바다가 못 간다구 했어. 짧다구. 그런 디를 물 속이루 헤엄치구 댕겼다능 기여. 옛날 전설여. 들어오던, 예전 들어오던 전설여… (후략)

〈김갑순(여·77) 입장면 호당리 호겨니 경로당. 2003. 2. 25. 낮〉

[자료 6] 장인이 화살로 사위 눈을 맞힌 위례성

부대 있는 디 거기를 성거산이라고 허고 여기를 위례성이라 한다는 거여. 그건 언제껀지 모르지 뭐, 몰르지. 거 가면 이키 둘레를 해놨다고. 이렇게 놔가지고 울타리를 이렇게 해놓고, 말 멕이던 구수도 있고, 샘도 있고, 아주 저 웃산 그냥 꼭두배기여. 그냥 말은 옛날에 여기는 쟁인(丈人)이고, 저기 승거산 저기 저기는 부대 있는 데는 사위라는 거지. 그래. 활로 쐈는데, 장인이 활로 쐈는데 사위가 눈이 맞았다는 거지. 그렇다는 얘기가 있어.

거기 올라가 보면 반반하니 지금 포크레인으로 닦아놓은 거 마냥 넓어. 샘이 있는데, 명주실 세 꾸리미가 들어갔댜. 헤에헤. 세 꾸리가 있는데, 그게 서해바다 가 둥둥 떴댜. 그게 많은 거지. 꾸리가 [주먹을 쥐어 보이며]이만하거든. 명주실 세 꾸리를 넣으니께 그게 땅은 안 닿고 서해바다 가 둥둥 떴댜.

그 밑에 절터가 있고, 큰 절터 작은 절터 두 개가 있거든. 그거 위례성 밑에 그거 빈대가 많아서 망했다는 말만 있고, 다른 건 없어. 빈대 때매 못살았다는 기야. (조사자: 중이요?) 응, 빈대가 하도 많아서.

〈이보훈(남·81) 입장면 양대리 경로당. 2003. 2. 4. 낮〉

[자료 7] 전쟁할 때의 말구유가 있는 위례성

우레산 있잖아. 거기에 전장했다는 겨. 백제때 거기서 전쟁을 했대요. 그래서 거기서 말을 멕이고 말구수도 거기에 있어. 돌로 팠잖아. 어디하고 전장을 했다는 것은 몰라도.

(이보훈: 그게 승거산이여.) 서로 맞보고 쌌다는 거 아냐.

〈민형덕(남·66) 위와 같음〉

[자료 8] 백제임금이 단식까지 하며 전쟁한 위례성

위례산에서 위례성이라고 그전엔 그랬었는데 백제왕이 거기 여기 와서 7일 동안 일주일 동안 단식을 하고 그랬단 말이지. 그땐, 위례산이 아니고 위례성이라고 했어. 저 위에 사당골은 어째서 사당골이라고 하냐면, 그때 당시 거기서 활 쏘는 연습을 했다는 겨. 삐뚜리게 한(비탈이 진) 데서 저짝에다 대고(민형덕: 호랑산) 아니 당골 넘어가는 데. 광산이 끊기 전에. 이건 활쏘는 연습하는 거지. 백제 군사들이 많은 군사들이 (민형덕: 백제 도읍터라는 거 아녀?) 새초골은 그 그때 저 말을 많이 멕이니께 마초, 말마골은 말을 많이 거기다가 멕였다거던. (민형덕: 그러니까 거기다가 저장된 여 있는 것이 마우영(안성쪽에 있는 지명)이라는 겨.) 그리고 구수무리(부수문이) 고개라는 건 먼지 몰라. 거기 넘어가면 '군단이', 이게 지금으로 따지면 1개 군단이 있었다는 겨. (민형덕: 여기가 위례성이 본진, 말하자면 군사를 배치시키고 여기서 전장을 했다는 거지.)

산꼭대기 가면 말구수도 있고, 말구수가 뽀개진 게 있어 지금두. 거 정상에 가면 그저 우물이 무지하게 넓거든. 그게 명주실 한 꾸리가 다 들어간단 말이여. 물이 없으면은 큰 곤욕을 치를 테니깐. 거기 왕이 와있으니까 물을 어디서 길어다 먹어야 하잖아. 그러니께 거기다가 성을 꾸민 거지. (민형덕: 그러니까 물이 엄청나다는 거지. 전쟁하는 물이니까.) 곡간이 거긴 아주 곡간(쌀곡간)이라는 겨. 운용리 곡간이라는 겨.

〈정희영(남·76) 위와 같음〉

[자료 9] 백제가 잠시 도읍하고 떠난 위례성

여기가 군단이라고 했지. 운용리가 아녀요. 군단이라고 해서 군사들이 주둔하고 있었던 디라고 하는디, 거 어떻게 된 건지 알 수 없지. 백제가 조금 도읍하다가 바로 갔다고 하드라고.

〈윤재태(남·62) 북면 운용리 군단이 2003. 2. 4 낮〉

[자료 10] 낮에는 고기가 되고 밤에는 새가 된 백제 장수

도읍은 직산이지. 여기는 관계가 없는 데걸랑요. 직산이 원 저기지. 운용리는 성만 있다 뿐이지 큰 근거될 만한 것은 없다고요. 위례산 골짜기에 탑자리라고 있었다는데 탑은 어디로 가고 없어. 천의가 어딘가. 탑 바탕은 땅속에 있는데, 탑자리라고 하지. 성 안이 들어가믄 샘이 그 물 먹던 샘이 없어졌어. 태평리(대평리) 꼭대기에 곡간이라는 곳이 있어요. 태평리라구 …(중략)…

거 가면 또 샘이 있어. 거기 사람이 들락거렸다는 겨. 낮에는 바다 가서 고기가 되고, 밤에는 새가 돼서 날랐당게. 그 얘기, 실꾸리가 실타래를 넣으니께 서해바다 가서 통한댜. 백제 장수가 그로 들락거렸다는 겨.

〈김영근(남·72) 북면 운용리 군단이 2003. 2. 4. 낮〉

[자료 11] 성거산을 못건너뛴 우례산 말

저기 또 성거산이 있고, 여기 우래산이 있는데, 성거산 말은 여기 우래산을 건너띠었는데, 우래산 말은 못 떠서 거기 떨어져서 울어서 우래산이라고 하는 겨. 성거산 말은 우래산을 건너띠고, 우레산 말은 성거산을 못건너떴다는 거여. 그래서 울애산 말이 진 거지.

〈김영근(남·72) 위와 같음〉

[자료 12] 위례성은 북쪽에서 쫓겨와 진친 곳

그게 옛날에 백제가 도읍을 했다고 하는데. 그에 도읍이 아니고, 그에 저 이북 어디서 백제가 쬐껴네려와서 거 와 진을 쳤다는 겨. 진치고 있는데 '막을재'가 그거거든. 막을재가 왜 마달재냐면 막 하고 막을 재서 돌 막아서 막을재여.

〈최병옥(남·81) 북면 대평리 삼룡 경로당 2003. 2. 4 오후〉

[자료 13] 샘으로 들락거린 백제 임금

나가 어렸을 때 가봤는데, 거기 나무가 울창했어. 거기가 평퍼짐하게 됐어. 이렇게 샘이 하나 있더라구. 거기 꼭대기 샘이 있어. 무서워서 안 갔지. 어른들 얘기는 백제왕이 옛날에 백제왕이 샘을 타고 들어간댜. 잉. 샘을 타고 들어가서 서해로 간댜. 그렇게 들어가도 일로(이쪽으로) 샘을 타고 나와서 백제왕이 일을 했다는 그런 전설이 있어.

〈이보희(남·78) 위와 같음〉

[자료 14] 명주꾸리 세 개가 다 풀린 위례성의 샘

샘이 옛날에 명주실 꾸리가 세 개가 풀렸다는 거야. 그게 서해바다가 떴다는 거야.

거기 가면 말구수가 이게 뽀개진 거 있어.

그래 그 건너 보면 갓모봉이라고 있어. 옛날에 장마가 져서 갓 쓴 모양으로 나왔다는 거여. 검은산(黑城山) 있는 데는 사깃배가 넘어가다 부딪쳐서 사기 깨진 게 널려 있다는 거야.

〈진금봉(남·86) 위와 같음〉

[자료 15] 백제 임금은 사위한테 죽고 사위는 처남에게 죽다

백제왕이 죽었어. 그게 낚시바늘에 걸려 죽었어. 저기 서해바다 가서 우례성 저기서 (청자:사위가 그랬어. 사위가.) 백제가 밤이면 서해바다로 용이 돼서 거기 샘이 있어. 밤이믄 서해바다 가 놀고 낮이면 왕 노릇을 하며 다니는데.

그 사위가 지가 왕 해묵을라고 죽였댜. 그게 낚시로다 죽였다고.

그러니까 거기 있는 큰아들이 나설 거 아니여. 그러니까 그게 승거산이여. 큰아들이 창을 세워놓고

"그 뛰어넘은 사람이 왕노릇을 하자."

그러니까 사위가 창을 뛰어넘다 그 창에 찔려 죽었다는 거야. 승거산이라는 게 그 말이지. 그래서 거기서 승전했다고 승거산이여.

그러니까 딸이 자기 남편 왕 만들려고 사위가 샘에서 낚시를 한 겨. 그러니까 친아들이 성거산서 창 들고 있다가 뛰어넘는 놈 찔러 죽인 겨.

〈이보희(남·78) 위와 같음〉

[자료 16] 타락한 왕을 위례성에서 부여로 데려다 물에 빠뜨리다

왕이 삼천 궁녀하고 맨날 술 먹고 노니께. 배에다 실어서 여기 위례성에서 저기 부여로다 실어서 빠뜨려 죽였다는 기야.

〈진금봉(남·86) 위와 같음〉

[자료 17] 용으로 변신하여 용샘으로 왕래한 백제 임금

성거산, 저- 입장 가는 데, 그것이 천안 시내에 뻗쳐내려온 산맥이

여. 근디 그것이 성거산. 성인 성(聖)자 살 거(居)자. 성거산이 위례성이라는 데 있어. 있는디. 거 위례산 잿성(城)자, 성자가 붙은 딘 반드시 성이 있었거든. 근디 그것이 뭐냐면 그 당시 이, 아이구 그 왕 이름이 누구지? (조사자: 웅진에 왕…) 아니, 부여서, 저 백제가 부여 있을 적이 아, 무슨 왕이지? 그 왕이…, 그 왕이 그때 무슨 국가 변란 시절이, 삼국 시절이니께. 그래서 여기 와서 임시 정치를 했다는 겨. 성거산에 와서. 위례성을 쌓고. 그래서 그 분이 낮에는 여기서 정사일을 다스리고 밤이는 부여 백마강에 가서 놀았다는 겨. 근데 그 분이 용의 탈을 썼다는 겨. (조사자: 예.) 용의, 용을, 저기 나 이거 들은 얘기여. (조사자: 예, 자세히 좀 해 주세요) 용의 탈을 써서 밤이는 부여 백마강에 가서 놀고 낮엔 여기서 정사를 다스렸다는 겨. 성거산 위례성에서. 그래서 말에는 성거산 가서 그런 샘이 저 요런 샘이 있는디, 그것이 명주 실꾸리가 풀려나간다는 거 아녀? 성거산 굴이 거기서부터 뚫려서 백마강 거까지, 부소산까지 연했다는 겨. 저 내 어려서부텀 들었는디, 명주 실꾸리가 시 개가 풀려서 거기 들어간다 이 얘기여. 그러면은 그 우물, 샘 통한 것이 부소산까지 통한 모양이지. 밤이는 백마강이 가 놀고, 낮이는 여기서 정치를 다스리고 이랬다는 겨. (청중: 낮이는 사람 되고?) 그렇지. 왕이 되고. 밤이는 용이 돼서.

〈김영기(남·76) 북면 상동리. 1990. 6. 25. 《천안의 구전설화》, 291-292쪽〉

[자료 18] 위례성 샘으로 중국까지 왕래한 백제 황제

위례산성 거기 밑에 샘이 있어요. 위례산성의 샘이라구 해요. 그런데 저 그 샘에 그 당시에는 굉장히 샘이 깊었대요. 그 전에 군사들이 언제 고구려에 대비해서 이제 백제 여기 싸울 적에 원래에 위례성이 여기래요. 위례성이라구 하는디, 고기 인제 연못이 샘이 있는데 샘이 굉장히 깊었대요. 그런디 인저 그 전에 저의 증조할머니, 지금까지 살아 계시면 한 백수가 넘으셨죠? 증조할머니한테서 저희 어머니가 얘기를, 증조할머니가 그전이 소시적부터 여기 사셨고, 증조할머니 말씀에 그전 또 어른

들 말씀에 그 위례산성이 그 샘에 금술잔 같은 거 그것이 떠다니고 그런 것이 많이 빠졌다, 그런 거, 말하자면 전설이 내려왔대요. 그런 얘기가 또 있고. (조사자: 그 샘이 지금도 있습니까?) 지금도 있죠. 그런데 물은 항시 좀 나거든요. 거의 형체는 얼추 미어졌고……

위례산 장수하고 저, 좌승산 장수면은 보이는 저 산 있죠?(조사자: 저쪽으로요?) 네. 그 장수하고 인제 말하자면 싸움을 하는데 도술로다가 이 돌을 던졌대요. 힘도 썼지만. 그래가지구서 거기까지 날라가지 못하고 여기 떨어졌다, 이런 어른들한테 할아버지들로부터, 옛날부터 이런 얘기가 전해내려오더래요.

서해 바다루다가 이 백제왕이 그 여기 저 위례산 그 바로 밑에 샘이 있는데요. 거기 저 샘이 그전에 깊었대요. 그저 백제왕이 백제가, 사실은 황젠데, 에, 백제황제가 이제 글로 해서 서해바다를 근너서 서해바다로 서해바다로 나가가지구 중국 산동성으로 갔다, 갔다가 이리 또 오고 그랬다는 말이 있구.

〈박규진(남·45) 입장면 기로리 1구. 1989. 6. 27. 《천안의 구전설화》, 449-450쪽〉

[자료 19] 위례성 전설은 백제유민의 소망을 표현한 것

또 한 가지는 위례산성 전설은 들으셨쥬? (조사자: 예.) 왜 낮에는 활동을 못하구 밤에만은 활동을 해서 병막(兵幕)에 나타나느냐. 이거여. (조사자: 용이 됐다가 뭐―(웃음)― 그런 거 말요?) 그렇잖아유? 그건 꿈이다. 일종의 꿈 아뉴? 그건 꿈인디. 그 꿈이 부여 가서 다시 정치 좀 해서, 봤다는 얘기구. 용왕이 다시 나라를 찾아서 정치를 한 번 다시 했다는 규. 백제를 그리워하고 백제가 망했어두, 백제를 그리워하고, 백제를 사모하고, 언젠가는 다시 한 번 백제를 부흥하고 싶은 그런 심정이 있었다는 거 아뉴? (청중: 그렇지. 백제 유민덜이.)

〈이원표(남·54) 병천면 병천리. 1991. 1. 10. 《천안의 구전설화》, 286쪽〉

[자료 20] 백제의 군량을 쌓아둔 군량들, 백제병이 피신한 두만이

여기가 왜 군량들이냐 하면은, 백제 시대에 여기 군량을 싸놨었어
요. 백제시대부터. 그래서 군량들이요. 군사 군(軍)자. 들평(坪)자, 그래서
군평이구,

여기가 이제 요 너머 넘어 가면은 두만이라는 디가 있소. 그 두만이
가 옛날 백제군이 패해서 이만 명이 피신을 한 곳이요. 한 만(萬) 두 만
해서 두만이. 응? 우리 순 우리말이지? 그래서 지끔 인제 두촌이라구 하
는데…

〈이남진(남·68) 동면 동산리 군량들. 2003. 3. 14〉

[자료 21] 용과 선녀로 변신하는 용샘의 용

용샘은 우리가 어려서 거기 인제 소풍을 가구 그러면은 이케 방안
마냥 뚫려 있어요. 크으다라만한… 거기 이케 디다보면 시퍼렇거던. 그
래 거기다가 인저 할머니들이, 할머님이 말씀하시기를, 거기 용샘이는
명주꾸리가 한 타래가 다 풀려서 나가면 서해바다루 간다. 그런디 잉어
가, 잉어가 크응 것이 거기 와서 두 마리가 냥 날마다 만날 저기를 핵거
덩?. 그래 지끔은 그 용샘이 많이 며졌지요 인저, 육이오 사변 나구 거기
들어오구 그랬는디…

(조사자: 용이 들어앉아 가지구 나갈 때는 뭐가 돼요?) 선녀가아, 선
녀가 됐다가 용이 돼서 서해바다루 나가능 거야. (조사자: 선녀가 거기
들어앉아서요?) 그래 선녀라능 것은, 왜 선녀가 되능가 하면 옛날에는 왜
선녀가 머 하늘에두 있다 땅에두 있다 막 이렇게 얘기덜 옛날 얘기덜두
하잖어? 그래 그 용이 도섭을 해각구, 응, 바다루 나갈 적이는 용이 돼서
나가구, 여기 들어와 있을 적이는 선녀가 돼서 익구, 그렇게 했다능 거
지.

〈윤효녀 보살(여·72) 북면 운용리 깊은골 보현사. 2003. 3. 21〉

[자료 22] 밤에는 고기, 낮에는 새가 된 백제왕

　　옛날 백제가 뭐 저어기 거기가 무슨 강…? 저어기 그 강 있잖아요. 왜…? 거기 가서 뭐 낮이는 고기 낚구 (조사자: 부여요?) 아니. 여기 거기 뭐… 서해바당가? (임금이) 서해바다 가서 낮 낮이는 고기 노릇 하구 밤이는 와서 새 노릇 하구 댕겼다닝깨. 몰르겄어요. 어트게 됭 건지. (조사자: 밤에는 새 노릇 해요?) 그러닝깨 밤이는 인저 저어기 가서 낚시질 하구, 여기 와서는 새 노릇 하구. 여기 와서. 그 뭐 거기가 용샴이다가 뭐 실꾸리를 멕 개를 느야 된다구 그랬는디, 그집말여 그 다.

　　거기 품어본 사람두 있어요. (청자: 누가 품었어요?) 몰르겄어요 그게 나두. 누가 품었다구 그러더라구.

〈윤재택(남·63) 북면 운용리 군단이. 2003. 3. 23〉

【황인덕】

🎵 저자약력

· 박순발　충남대학교 고고학과 교수

· 황인덕　충남대학교 국어국문학과 교수

· 강종원　충남발전연구원 연구위원

· 이형원　충남대학교 백제연구소 연구원

위 례 산 성

초판인쇄　　　2003년 7월
초판발행　　　2003년 7월

편자　　　　　충남대학교 백제연구소
펴내고만든이　김선경
펴낸곳　　　　서 경 문 화 사

출판등록　　　1994년 3월 8일 제 1 – 1664호
주소　　　　　서울 종로구 동숭동 199 – 15(105호)
전자우편　　　sk8203@chollian.net
전화　　　　　02) 743 – 8203, 8205
팩스　　　　　02) 743 – 8210

ISBN　89 – 86931 – 55 – 9　93900
정가　10,000원
ⓒ 충남대학교 백제연구소, 2003